KB217278

김산춘 신부의 단테 『신곡』 강의

김산춘 신부의

단테 「신곡」 강의

김산춘 지음

문학수첩

책머리에

시성(詩聖) 단테의 성시(聖詩) 『신곡』

1321년, 지금으로부터 꼭 700년 전 한 시인이 이탈리아 라벤나를 떠나 하느님께 돌아갔다. 그의 이름은 단테 알리기에리(Dante Alighieri)! 우리가 앞으로 이야기할 탄생 700주년 『신곡(*La Comedia di Dante Alighieri*, 神曲)』의 저자이자 주인공이다. 지상에서 『신곡』을 통한 그의 역사적 사명은 세례자 성 요한처럼 인류의 회심을 촉구하는 일과 그리스도 예수처럼 인류가 누릴 참 행복을 선포하는 일이었다.

철학자 이마미치 도모노부(今道友信, 1922~2012)는 50년이란 긴 연구 끝에 80세가 되어서야 『단테 〈신곡〉 강의』라는 명저를 남겼다.[1] 그는 머리말에서 자신은 『신곡』에서 두 가지 가르침을 얻었다고 밝힌다. 하나는 한 개인이 어떻게 시

1 今道友信, 『ダンテ「神曲」講義』, みすず書房, 2002. 이영미 옮김, 『단테 〈신곡〉 강의』, 안티쿠스, 2008.

대의 억압에 대항했는지이며, 다른 하나는 한 사람이 참 행복을 얻기 위해 어떻게 생각하고 행동하였는지다. 그런 의미에서 『신곡』은 추방당한 삶 속에서 자기 자신과 하느님에게 충실했던 한 인간이 인류에게 보낸 선물이라고 말한다. 『신곡』은 이탈리아만의 고전이 아니라 인류 전체의 고전이 된 것이다.

단테는 1265년 이탈리아 토스카나 지방 피렌체에서 태어났다. 그리고 아홉 살 때 베아트리체라는 한 소녀를 처음 만난다. 소녀는 소년에게 하느님의 기적처럼 보였다. "그녀는 평범한 인간의 딸이 아닌 신의 딸처럼 보였다."[2] 단테는 열여덟 살 때 다시 한번 천사와도 같은 베아트리체를 만난다. 하지만 그녀는 곧 부유한 집안으로 시집을 갔고 불행히도 1290년 향년 24세로 요절하고 말았다. 지상에서 피렌체 소녀의 모습은 사라졌지만, 단테의 마음의 하늘에서 그녀는 하느님의 지혜로, 하느님의 은총으로 변모해 갔다. 단테는 1283년 이미 다른 여성과 결혼했다. 하지만 성 아우구스티누스에게 아들을 낳아준 아프리카 여성의 이름이 전혀 알려지지 않은 것처럼, 그녀의 이름 역시 단테의 책 어디에도 등장하지 않는다. 그러나 우리는 그녀의 이름을 알고 있다. 젬마 도나티! 단테는 그녀에게서 3남1녀를 얻었다. 베드로, 야

---

2 단테, 『새로운 인생』 제2장. (호메로스, 『일리아스』, 제24권 258행 참조.)

고보, 요한 삼형제는 예수의 거룩한 변모를 목격한 애제자들의 이름이다. 또 천국의 관문을 통과하기 위한 구술시험 문제인 신망애(信望愛)[3]를 가리키기도 한다. 그리고 홍미롭게도 딸 안토니아는 라벤나에서 수녀가 되었는데 그녀의 수도명은 베아트리체였다.

베아트리체 사후 10년간 단테는 거짓 즐거움에 속아 하느님을 떠났다가 1300년 이후 정치적 불운이 계기가 되어 다시 하느님께 돌아오는 영적 여정을 체험한다. 그 체험의 회고적 반성이 『신곡』인 것이다. 단테는 그 정치적 불운 덕분에, 이집트를 떠나 광야를 헤맨 이스라엘 백성처럼, 지옥 같은 피렌체에서 추방되어 거의 20년간을 이곳저곳을 문전걸식하며 유랑 생활을 할 수밖에 없었다.

> 너는 그 무엇보다도 소중하게 사랑해 온 모든 것을
> 두고 떠나야 할 것이다. 그리고 그것이야말로
> 망명의 활이 가장 먼저 쏘는 화살이다.
> 너는 몸소 알게 될 것이다. 다른 사람의 빵이
> 얼마나 짠지, 또 남의 집 계단을 오르내리는 것이
> 얼마나 힘든 일인지를.(「천국」, 17, 55~60)

---

3 이를 대신덕(對神德, the theological virtues) 또는 향주삼덕(向主三德)이라고 한다. 성 바오로가 가르친 그리스도교 신자 생활의 기반으로 믿음 또는 신덕(信德), 희망 또는 망덕(望德), 사랑 또는 애덕(愛德)을 말한다. (1고린토 13, 13; 1데살로니카 1, 3; 갈라디아 5, 5~6; 골로사이 1, 4~5 참조.)

종신 유배는 단테에게는 쓰라린 불행이었지만 인류에게는 커다란 축복이었다. 모든 것을 잃었기에 더 이상 잃을 것이 없던 단테는 피렌체 귀환이란 환상마저 버렸다. 단테는 자국 이기주의를 초월해 보편적인 시야를 얻는다. 「지옥」 편과 「연옥」 편을 대부분 끝냈던 1308~1313년 사이 단테는 모든 도시국가를 분열시키는 폭력에 대한 유일한 합법적인 보증으로서 제국의 필연성을 주장한다. 그는 황제 하인리히 7세(Heinrich Ⅶ, 재위 1312~1313)를 새로운 정치적 메시아라고 믿었다. 그러나 황제는 1313년 이탈리아 원정 중 급사하고 만다. 베로나에 머물던 1315년 단테는 영주 칸그란데 델라 스칼라(Cangrande della Scala)에게 헌정한 「천국」 편을 시작하지만, 제17곡에서 영주의 환대에 대해 감사하며 작별을 고한다. 그리고 1319년 마지막 유배지가 된 라벤나로 향한다.

단테는 왜 황제 대행이 있는 베로나를 떠나 라벤나로 갔을까? 라벤나는 제국의 뒤풀이 같은 곳이다. 보에티우스(Boethius, ?~524)와 유스티니아누스(Justinianus, 483~565) 황제에 대한 기억, 관상가 베드로 다미아노(Petrus Damiani, 1007~1072)의 영적 현존, 산 비탈레와 산타폴리나레 인 클라세 성당 모자이크엔 비잔틴 미술의 잔광이 그대로 남아 있었다. 그리고 가족들과의 재회, 「천국」 편을 마무리하기엔 최적의 장소였을 수도 있다.

단테의 일생은 숱한 패배와 영원한 승리의 합주곡이다. 그는 영적 탐구의 꾸불꾸불한 길을 걸으며 어둠의 세력과 맞서 싸웠고 마침내 그 끝에서 하느님의 얼굴을 맞대고 볼 수 있었다. 도메니코 디 미켈리노(Domenico di Michelino)가 그린 단테의 초상화는 지금 피렌체 두오모에 걸려 있다.(그림 1) 단테의 왼손에는 피렌체에 대한 선물로 『신곡』이 펼

쳐져 있다. 반면 오른손은 저 너머 세상의 세 영역인 지옥, 연옥, 천국을 가리키고 있다. 그 도시의 문들은 굳게 닫혀 있다. 이제 그 문들을 열고 그 안의 비밀스러운 풍경들을 들여다보자.

그림 1 도메니코 디 미켈리노, 〈단테의 신곡〉, 1465, 피렌체 두오모박물관

| 차례 |

일러두기

· 본문에 인용한『신곡』번역은 Dante Alighieri, *The Divine Comedy*, tr. by Charles S. Singleton, Italian text and translation(Princeton University Press, 1991)을 저본으로 삼았다. 그 밖에 번역에 도움을 받은 책들은 다음과 같다.

① 김운찬 옮김,『신곡』, 열린책들, 2012

② 박상진 옮김,『신곡』, 민음사, 2013

③ 최민순 옮김,『단테의 신곡』, 가톨릭출판사, 2013

④ 原基晶 譯,『神曲』, 講談社, 2016

· 그 밖에 본문에 인용한 문구들의 출처는 다음과 같다.

G. 달 사쏘 · R. 꼬지 편찬, 이재룡 · 이동익 · 조규만 옮김,『신학대전 요약』, 가톨릭대학교출판부, 1995.

성염 편저,『단테 제정론』, 철학과현실사, 1997.

아우구스티누스 지음, 성염 역주,『신국론』, 분도출판사, 2004.

보에티우스 지음, 이세운 옮김,『철학의 위안』, 필로소픽, 2018.

단테 지음, 김운찬 옮김,『향연』, 나남, 2010.

S. Bernardus, *Sermones super Cantica Canticorum*, tr. by Xaverius Yamashita, Akashi Shobo, 1977.

단테의
『신곡』

「지옥」 편

1. 자전적(自傳的) 알레고리로서의 『신곡』

『신곡』은 특별한 은총으로 이미 저승(지옥, 연옥, 천국) 순례를 마친 단테가 다시 이승으로 돌아와 그 순례 체험을 회상하며 인류의 회심과 구원을 위해 쓴 극시(劇詩)이다. 단테학자 프레체로(John Freccero, 1931~)는 말한다. "단테의 체험은 시적 허구도 아니고, 역사적 사실도 아니다. 그것은 자전적 알레고리다. 그것은 성경의 구원 패러다임과 한 개인의 특수한 환경의 종합이다. 즉 적용된 예표론(applied typology)이다. 성경의 구원 패턴이 단테의 삶 안에서 드러난 것이다."[4] 특히 「지옥」 편 제1곡은 『신곡』 전체의 서곡으로, 단테가 전하려

---

4 Freccero, J., 「Introduction to Inferno」, *The Cambridge Companion to Dante*, Cambridge UP, 2005, p.179. 예표론(豫表論, typology)이란 구약성경에 나오는 사건 또는 인물이 신약성경의 사건이나 인물을 미리 표시한다는 신학적 해석이다. 예를 들어, 이스라엘 백성이 홍해를 건넌 사실은 세례의 예표이다. 또 요나의 이야기는 땅속에 사흘 동안 묻혔다가 부활하시는 그리스도의 예표다.

는 『신곡』의 핵심 메시지가 모두 담겨 있다.

> 우리네 인생길 한가운데서
> 나는 어두운 숲속에 있음을 깨달았네.
> 곧바른 길은 이미 사라졌네.(「지옥」, 1, 1~3)

첫 행에서 단테는 '나의' 인생길이라고 하지 않고 '우리네(nostra)' 인생길이라고 말함으로써 『신곡』이 자전적 알레고리임을 분명히 한다. 알레고리란 지시하는 것과는 다른 어떤 것을 의미하는 시법을 말한다. 즉 『신곡』에서 한 인간의 경험은 모든 인간의 경험으로 확대된다. 그러므로 『신곡』을 읽는 독자는 또 하나의 단테가 된다. 단테학자인 박상진은 말한다. "그것은 나의 맥락에서 『신곡』을 다시 쓰는 것이며, 그 과정에서 『신곡』을 거듭나게 하는 것이고, 『신곡』을 구원하는 길이다. 자체의 구원을 기다리는 것이 『신곡』이 담고 있는 궁극의 진리다."[5]

"인생은 기껏해야 70년"(시편 90, 10)이라고 하는 성경 말씀에 따르면, 우리 인생길의 한중간은 35세가 된다. 단테는 1265년생이므로 단테가 35세가 되던 해는 정확히 1300년이다. 단테가 『향연(*Convivio*)』(4, 23, 9)에서도 말하듯 35세는

---

5 박상진, 『단테 신곡 연구』, 아카넷, 2011, 22쪽.

인생의 정점(頂点)이며, 사실 그해 단테는 피렌체 정치권력의 최정상인 프리오레(priore)의 자리에 올랐다. 프리오레란 임기 2개월짜리 여섯 명의 최고 행정위원을 가리킨다. 그런데 그 정상의 자리에서 그는 죄와 죽음의 어두운 숲속을 헤매고 있는 자신을 발견한다. 마치 병이 들어 죽게 된 유다 임금 히즈키야의 고백과도 같았다. "내 생의 한창때에 나는 떠나야 하는구나. 남은 햇수를 지내러 나는 저승의 문으로 불려 가는구나."(이사야 38, 10) 하느님은 히즈키야의 기도와 눈물을 보시고 그를 병에서 회복시켜 주신다. 『신곡』의 주제는 죽음의 구렁텅이에서 구원받은 히즈키야의 찬미가와도 그 맥락을 같이한다.

단테는 자신이 어두운 숲속을 헤매고 있음을 깨달았다(mi ritrovai).(그림 2) '깨달았다'는 말은 잃어버렸던 자기를 다시 찾았다는 뜻으로, 자신이 지금 어디에 있는지를 알았다는 뜻이다. 이 동사는 저 유명한 '되찾은 아들의 비유'를 떠올리게 한다. "그는 그제야 제정신이 들었다(He came to himself)."(루가 15, 7) 이는 양심 안에서 빛이 동트기 시작한 순간을 말한다.

주인공 단테가 이성이 마비된 상태인 잠에 취해 들어갔던 그 어두운 숲이란 어떠한 곳인가? 단테는 『향연』(4, 24, 12)에서 말한다. "젊은이는 만약 연장자들이 좋은 길을 보여주지 않는다면, 이 삶에서 길을 잃기 쉬운 숲속으로 들어가

게 된다." 성 아우구스티누스 또한 『고백록』(10, 35)에서 말한다. "이 세상은 위험과 함정이 엄청나게 가득 찬 숲이다." 숲은 무지와 죄 때문에 어둡다. 무지와 죄는 어둠을 찾기 때문이다. "악을 저지르는 자는 누구나 빛을 미워하고 빛으로 나아가지 않는다. 자기가 한 일이 드러나지 않게 하려는 것이다."(요한 3, 20)

성경은 올바른 길을 잃어버린 자들에 대해 말한다. "그들은 어둠의 길을 걸으려고 바른 행로를 저버린 자들. 악행을 즐겨 하고, 사악한 것을 기뻐하는 자들. 그 길이 빗나가고, 그 행로가 엇나간 자들이다."(잠언 2, 13~14) "의인들의 길은 동틀 녘의 빛과 같아, 한낮이 될 때까지 점점 밝아지지만, 악인들의 길은 암흑과 같아, 어디에 걸려 비틀거리는지도 모른다."(잠언 4, 18~19) "그들은 바른길을 버리고 그릇된 길로 빠졌습니다."(2베드로 2, 15) 올바른 길은 "나는 길이요"(요한 14, 6)라고 하신 그리스도이시다. 다윗은 말한다. "주님은 내 영혼에 생기를 돋우어 주시고, 바른 길로 나를 인도해 주신다."(시편 23, 3) 단테는 숲이 끝나는 곳에서 사람들을 올바른 길로 인도하는 태양의 빛살에 둘러싸인 구원의 언덕을 올려다본다. 태양은 "세상의 빛"(요한 8, 12)이신 그리스도이시다.

『신곡』의 첫 3행은 우리가 그것이 재물이든 권력이든 명성이든 인생의 절정에 서 있을 때 자기가 지금 올바른 길을 가고 있는지 스스로 물어보라고 말하는 것 같다. 많은 소출

그림 2 귀스타브 도레, 〈어두운 숲〉, 「지옥」 편 삽화, 1868

을 거둔 부자는 좁은 곳간을 헐고 더 큰 곳간을 짓는다. 그러나 하느님은 그에게 "어리석은 자야, 오늘 밤에 네 목숨을 되찾아 갈 것이다. 그러면 네가 마련해 둔 것은 누구 차지가 되겠느냐?"(루가 12, 20) 하고 말씀하신다. 인생의 한창때일수록 우리는 자신이 어두운 숲속에 있는지 아니면 곧바른 길 위에 있는지 되돌아보아야 할 것이다.

2. 도덕적 알레고리로서의 세 짐승

저승 순례를 마치고 이승으로 귀환한 단테에게 그 "거칠고 황량하고 험한 숲"을 다시 생각한다는 것은 "죽음보다도 더 쓴"(전도서 7, 26) 두려움이었다. 그렇긴 하지만 그 체험을 다시 이야기하는 것은 자신이 거기서부터 구원되었기 때문이다. 숲은 한편으로는 죄악과 타락을 상징하지만, 다른 한편으로는 에덴동산이라고 하는 신성한 숲을 예시한다(「연옥」, 28, 23). 즉 숲은 올바른 길에서의 이탈(a-versio)의 장소이기도 하지만, 올바른 길로의 회심(con-versio)이 시작되는 곳이기도 하다.

단테는 자신 앞에 있는 언덕으로 향한다. 성경은 그 언덕을 '주님의 산'이라고 부른다. "누가 주님의 산에 오를 수 있으랴?"(시편 24, 3) 태양이 그 산의 정상을 비추고 있다. 여기서 이미지와 어법은 근본적으로 성경적이다. "산들을 향하여 내 눈을 드네. 내 도움은 어디서 오리오?"(시편 121, 1) 태양의 의미는 『향연』(3, 12, 6~7)에 제시되어 있다. "이제는 영적이고 지성으로만 접근할 수 있는 태양, 즉 하느님에 대해 논의해야 한다. 온 세상에 어떤 감각의 대상도 태양만큼 하느님의 상징이 되는 것은 없다."

어두운 숲은 마치 "살아 나간 사람이 아무도 없는"(「지옥」, 1, 26) 바다로 비유된다. 숲은 이집트 군대를 전멸시킨 홍해처럼 죄인들을 단죄하여 지옥의 두 번째 죽음(「지옥」, 1, 117)으로 휩쓸어 간다. 단테는 그릇된 사랑의 바다에서 빠져 죽을 뻔하였다. 그러나 인류를 대신하여 죽음을 감내하신 그리스도의 사랑 덕분에 올바른 사랑의 해변으로 구출되었다(「천국」, 26, 55~63). 단테는 죄의 숲에서 벗어나느라 지쳐 있었다. 그는 힘을 내어 언덕 기슭을 오르기 시작한다. 그러나 언제나 아래의 다리에 힘이 들었다(「지옥」, 1, 30).

그리스도교에는 '영혼의 두 발'이라는 전통이 있다. 보나벤투라(St. Bonaventura, c.1217~1274)에 의하면, 처음 움직이는 오른발은 지성이다. 그리고 왼발은 의지이다. 아담의 죄로 인해 지성은 무지의 상처를 입었고, 의지는 욕정의 상처를 입었다. 그 결과 원죄 이후의 인간은 절름발이(homo claudus)가 되었다. 특히 인간은 왼발을 전다. 상처를 입은 의

지가 절름거리는 것이다.[6]

성 바오로는 말한다. "선을 바라면서도 하지 못하고, 악을 바라지 않으면서도 그것을 하고 맙니다."(로마서 7, 19) 단테의 절름거리는 의지는 죄를 다 씻은 연옥 산 정상에 도달해서야 원래대로 회복될 것이다(히브리서 12, 12~13).

너의 의지는 자유롭고 곧바르고 건강하다.
그 의지의 판단에 따르지 않는 것이야말로 잘못이다.
그러기에 나는 너 자신을 다스릴 너에게 왕관과 주교관을 씌우노라.(「연옥」, 27, 140~142)

지금 단테는 자신이 산의 정상을 향해 제대로 올라갈 수 없다는 사실을 절감한다. 자기가 뒤편 어둠 속에 두고 온 죄의 성향들이 자기 앞을 가로막는 세 짐승의 형태로 나타난 것이다.

첫째 짐승은 육욕(肉慾)을 상징하는 암표범(lonza)이다. 우리는 제5곡에서 불륜 때문에 비참하게 죽은 두 연인의 슬픈 사랑 이야기를 듣게 될 것이다. 둘째 짐승은 교만을 상징하는 사자(leone)이다. 육신이 없는 천사들조차도 지을 수 있는 죄인 교만은 죄의 가장 깊은 뿌리이다. 교만의 정도는 정

6 보나벤투라의 사순 제3주일 강론. Freccero, J., *Dante The Poetics of Conversion*, Harvard UP, 1986, p.42 참조.

신 수준과 지위가 높을수록 더 심해진다. 천사들 가운데서도 최고위에 있던 루치페로(Lucifero)는 자신이 하느님이 되고 싶은 교만의 죄를 범한 후 사탄으로 전락한다. 셋째 짐승은 모든 악의 뿌리인 탐욕을 상징하는 암늑대(lupa)이다.(그림 3) 성 바오로는 말한다. "사실 돈을 사랑하는 것이 모든 악의 뿌리입니다. 돈을 따라다니다가 믿음에서 멀어져 방황하고 많은 아픔을 겪은 사람들이 있습니다."(1디모테오 6, 10) 존재의 공복(空腹)은 아무리 돈을 부어도 채워지지 않는다. 본래 자기 것이 아닌 것으로 자기를 채우려 하기 때문이다. 그러므로 그리스도는 말씀하신다. "하느님과 재물을 함께 섬길 수는 없다."(루가 16, 13) "너희는 먼저 하느님의 나라와 그분의 의로움을 찾아라."(마태오 6, 33)

이처럼 도덕적 알레고리로서 세 짐승은 먼저 영적인 의미에서 보면, 원죄의 상처를 입고 이 세상에 들어온 인간의 내적 약점을 노리는 외적 유혹을 가리킨다. 이를 아리스토텔레스는 피해야 할 품성 세 종류라고 말한다.[7]

단테 또한 이를 "하늘이 원치 않는" 악의 3대 범주, 즉 무절제, 미치광이 수심(獸心), 악의라고 말한다(「지옥」, 11, 79~81). 「지옥」 편은 이 세 범주의 죄인들로 채워져 있다. 세 짐승의 이미지는 이미 성경에 나온다. "그러므로 숲속의 사

그림 3 윌리엄 블레이크, 〈세 짐승〉, 「지옥」 편 삽화, 1824~1827

7 아리스토텔레스, 『니코마코스 윤리학』 제7권 제1장. 피해야 할 품성 세 종류는 악덕, 자제력 없음, 짐승 같은 품성 상태이다.

자가 그들을 물어뜯고, 사막의 이리가 그들을 찢어 죽일 것입니다. 또 표범이 그들의 성읍마다 노리니, 거기에서 나오는 자는 누구나 갈가리 찢길 것입니다."(예레미야 5, 6) 세 짐승의 이름은 모두 '엘(el)'로 시작한다. 엘은 본래 히브리어에서 하느님이다. 하느님께 반역한 마왕(魔王) 루치페로의 이름도 엘(L)로 시작한다.

다른 한편 정치적인 의미에서 보면, 어두운 숲은 정쟁으로 인해 혼란한 피렌체의 상황이라고도 볼 수 있다. 그 안에서 표범은 타락한 피렌체, 사자는 신성로마제국에 대항하는 프랑스, 암늑대는 부와 권력을 추구하는 교황청에 비길 수 있다. 피렌체의 교황파 백당(Bianchi)에 속했던 단테는, 교황청과 결탁하여 프랑스군을 끌어들여 쿠데타에 성공한 흑당(Neri)에 의해 1302년 사형 판결을 받고 영구 추방을 당한다.

3. 다른 길: 겸손으로의 하강

'신곡(*La Comedia*)'이란 말이 의미하는 것은 "죄와 슬픔과 비참에서 은총의 상태로의 영혼의 회심"이다. 그러므로 프레체로는 『회심의 시학』에서, 단테의 시적 여정은 본질적으로 탈출(Exodus)의 여정이며, 회심의 예시(Figura)라고 말한다.[8]

주인공 단테의 전망에서 보면 산꼭대기로의 길을 가로막는 최종 장애는 암늑대처럼 보인다. 그러나 하늘의 전망에서 보면 최종 장애는 죽음의 강이다.

그의 슬픈 탄원이 너에게는 들리지 않는가?
바다보다도 위험한, 미쳐 날뛰는 큰 강물에 휘말린 그에게
죽음이 맹공을 퍼붓는 것이 너에게는 보이지 않는가?(「지

8 Freccero, *Dante The Poetics of Conversion*, p.56.

옥」, 2, 106~108)

이스라엘 백성의 이집트에서의 탈출은 죽음의 강 요르단을 건너 예루살렘에 도착하고 나서야 민족적 서사시인 구약성경의 「출애굽기」가 된다. 마찬가지로 『단테 알리기에리의 희극』[9]도 바로 자아의 죽음에서 살아남은 사람의 이야기이다. 요르단이라는 이름의 어원은 하강(下降, katabasis)이다. 죽음의 강은 진정한 삶의 서곡이다. 전통적으로 강 속으로 내려감은 죽음과 악마에 대한 승리로 여겨졌다. 그것은 그리스도가 지옥으로 내려가 구약의 의인들을 약탈한 승리와도 유사하다. 성 토마스는 『신학대전』(III, 39, 4)에서 말한다.

"그리스도께서는 요르단강에서 세례를 받으셨다. 왜냐하면 요르단강은 언젠가 약속의 땅, 약속의 나라로 들어가는 입구로 열려 있었던 것처럼, 세례가 하느님 나라로 들어가는 입구로서 개방됨을 의미하고자 했기 때문이다."

그러므로 "세례 안에는 은총의 완전함에로의 상승이 있다. 그런데 그것은 겸손으로의 하강을 요구한다". 문학의 맥락에서 저자의 승리인 시는 주인공의 죽음을 내포한다. 단테의 체험에 관련된 자아의 죽음을 이해하지 못하면 「지옥」 편의 드라마는 감상할 수 없다. 도착된 세상에서는 거짓 자

9 단테는 『신곡』을 '단테 알리기에리의 희극(*La comedia di Dante Alighieri*)'이라고 불렀다. 「지옥」, 16, 128 및 「지옥」, 21, 2 참조.

아의 소멸만이 진정한 삶의 이야기를 탄생시킨다. 그리고 그러한 이야기는 타인을 위한 신앙 고백으로 써진다.

죽음의 강과 동일시되는 암늑대에게 몰려서 단테가 다시 어두운 숲으로 곤두박질하는 바로 그 절체절명의 위기의 순간, 사부(師父) 베르길리우스(Vergilius, B.C. 70~19)가 출현한다.

> 내가 눈물을 흘리고 있는 것을 보고 그분이 대답하셨다.
> 이 거친 곳을 피하고 싶다면
> 너는 다른 길로 가야만 한다.(「지옥」, 1, 91~93)

베아트리체도 단테가 지옥을 편력해야만 했던 이유를 다음과 같이 말한다.

> 이자는 너무나도 타락하여, 마침내 어떠한 수단도
> 이자의 구원에는 미치지 못하게 되었어요.
> 멸망한 백성을 이자에게 보여주는 것 외에는.(「연옥」, 30, 136~138)

「지옥」 편의 서곡인 제2곡 서두에서, 단테는 자신이 살아 있는 몸으로 저승을 편력할 자격이 있는지 사부에게 묻는다. 자신은 인류의 구원을 위해, 하느님의 섭리로 건국된 로마제국의 영웅 아이네아스도, 곳곳에 그리스도교 교회를 세운 "선택받은 그릇"(사도행전 9, 15) 성 바오로도 아니라고 항변한다. 그러니 자신의 주제넘은 저승 편력은 "미친(folle) 여정"(「지옥」, 2, 35)이라는 것이다. 이에 사부는 단테가 그러한 두려움에서 벗어날 수 있도록 왜 자신이 안내자가 되었는지 그 사연을 말해준다.

성모 마리아는 단테〔=인류〕의 죄로 인한 죽음을 그냥 보고 있을 수만 없었다. 그래서 마리아는 조명(照明)의 은총을 상징하는 성녀 루치아에게 단테를 부탁한다. 피렌체에는 성녀 루치아에게 봉헌된 성당이 둘 있었는데, 단테는 평소 눈병 때문에 눈의 수호 성녀인 루치아에게 전구를 청하곤 하였다. 238년 시칠리아의 시라쿠사에서 태어난 루치아는 박해 때 눈알이 뽑히며 순교하였다고 한다. 성녀 루치아는 단테가 그토록 사랑하는 베아트리체를 불러 단테를 도우라고 명한다.(그림 4) 죄로 죽을 수도 있다는 단테 때문에 눈물에 흠뻑 젖은 베아트리체 또한 베르길리우스를 찾는다. 시인인 단테를 그의 훌륭한 문학으로 도우라는 것이었다.

그리하여 단테는 이 저승 편력이 자신을 죄의 죽음에서 구하기 위한 하늘 궁전에 계신 축복받은 세 여인의 배려였음을 알게 된다. 그림에서 원은 초월적 세계를 상징하며, 그 원 밖으로 손이 나온 것은 초월적 세계로부터의 특별한 배려를 의미한다. 신학자 발타자르(Hans Urs von Balthasar,

그림 4 〈마리아, 루치아, 베아트리체〉, 피사 사본, 1385년경

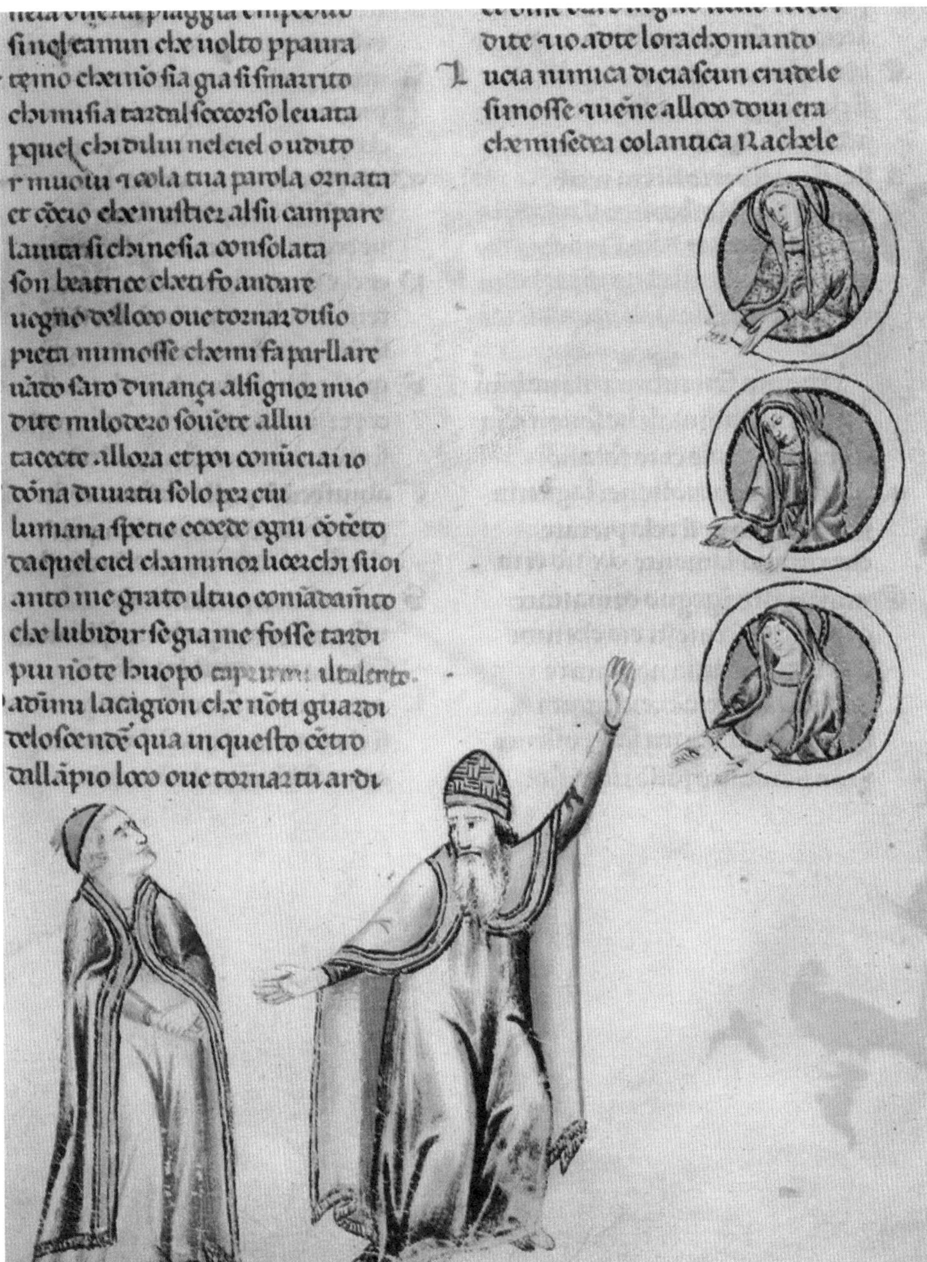
nela diserta piaggia e impedito
si nel camin che volto p paura
et temo che nõ sia gia si smarrito
ch io mi sia tardi al soccorso levata
p quel ch i di lui nel ciel o udito
Or muovi et cola tua parola ornata
et cõ cio che mistier al suo campare
laiuta si ch io ne sia consolata
I son beatrice che ti fo andare
vegno del loco ove tornar disio
amor mi mosse che mi fa parllare
quãdo saro dinançi al signor mio
di te mi lodero souẽte allui
tacette allora et poi comĩciai io
o dõna di virtu solo per cui
lumana spetie eccede ogni cõteto
da quel ciel cha minor li cerchi suoi
tanto me grato il tuo comãdamẽto
che lubidir se gia me fosse tardi
piu nõ te huopo aprirmi il talento
ma dimmi la cagion che nõ ti guardi
delo scendẽ qua in questo cẽtro
dallãpio loco ove tornar tu ardi

di te et io a te lo racomando
Lucia nimica di ciascun crudele
si mosse et vẽne al loco dov i era
che mi sedea cola antica Rachele

1905~1988)는 『영광』에서 인류를 구원하는 '여성적 중재'에 대해 다음과 같이 말한다.

"'우리를 끌어올리는 영원히 여성적인 것' 그것은 단지 하나의 상징 이상이다. 그것은 실재이고 끊임없이 실재의 모든 단계를 통해 위로 확장되는 것이다. 연인의 만질 수 있는 지상의 신체로부터 영광스럽게 된 모습을 지나, 성인들의 교회를 대표하는 성녀 루치아와 수용적이고 처녀 생식적인 교회의 원형이자 기초인 마리아에 이르기까지 말이다."[10] 그러자 단테의 가슴은 다시금 뜨거운 열정으로 흘러넘친다.

마치 밤 추위에 고개 숙이고 오므라진 꽃들이
햇살이 그것들을 쬐어줄 적에
함빡 그 줄기부터 피어 치오르듯이.(「지옥」, 2, 127~129, 최민순 옮김)

이 3행은 이탈리아어 사전에 예문으로 나올 만큼 시적으로도 매우 아름답다. 최초의 성년(聖年)인 1300년 성금요일 저녁, 드디어 단테는 용기를 내어 지옥으로 향한다.

---

10 Hans Urs von Balthasar, *The Glory of the Lord*, vol. 3, Edinburgh, 1986, p.102. "우리를 끌어 올리는 영원히 여성적인 것(Das Ewig-Weibliche zieht uns hinan)"이라는 구절은 괴테 『파우스트』의 마지막 행에 나온다.

4. 지옥문의 비명(碑銘)

나를 거쳐 비통한 도시로 들어가고,

나를 거쳐 영원한 고통으로 들어가고,

나를 거쳐 멸망한 무리 사이로 들어가노라.

정의는 내 지존하신 창조주를 움직여,

천주의 권능과 최상의 지혜와

최초의 사랑이 나를 만드셨노라.

나보다 앞서 만들어진 것은 영원한 것들뿐,

나도 영원히 존속하리니,

여기 들어오는 너희 모든 희망을 버릴지어다.(「지옥」, 3, 1~9)

단테는 지옥문에 쓰인 무서운 글귀를 보았다. 지옥문은 일인칭 화법으로 자기를 소개함과 동시에 지옥 전체를 소개하고 있다. 처음 3행은 세 번이나 "나를 거쳐(PER ME)"를 반복하는데 이는 사태의 심각성을 강조한다.

지옥문은 지하가 아니라 지상에 있다. 그리고 언제나 활짝 열려 있다. 예수는 말한다. "좁은 문으로 들어가거라. 멸망에 이르는 문은 크고 또 그 길이 넓어서 그리로 가는 사람이 많다."(마태오 7, 13) 단테는 지옥문을 가리키며 부정관사(una porta)를 사용하고 있다. 즉 지옥문은 어느 특정 장소에 있는 것이 아니라, 어디에나 있을 수 있다. 아니, 그 누구라도 이웃에게 절망이 된다면 바로 지옥문이 될 수 있다.[11] 키르케고르(Søren Kierkegaard, 1813~1855)는 절망은 '죽음에 이르는 병'이라고 말한다. 우리가 이 세상에 살면서 절망한다면 바로 그 자리가 지옥이 된다. 지옥이란 모든 희망을 버린 장소이다. "여기 들어오는 너희 모든 희망을 버릴지어다(LASCIATE OGNI SPERANZA, VOI CH'ENTRATE)." 이것이 지옥의 정의다. 가브리엘 마르셀(Gabriel Marcel, 1889~1973)은 절망은 존재의 근거인 하느님과의 단절이라고 보았다. 그러므로 절망은 심리학적 문제가 아니라 존재론적 문제이다. "나는 하느님께 희망을 둔다(J'éspère en Toi). 고로 나는 존재한다." 이것이 그의 희망의 철학이었다.

지옥은 삼위일체이신 하느님의 권능과 지혜와 사랑이 인

11 지옥문에 관해서는 이마미치 도모노부, 『단테 〈신곡〉 강의』, 177~195쪽 참조.

간을 구원의 길로 인도하기 위하여 정의를 중시하면서 창조하였다. 천지창조 직후 사탄과 그 반역의 무리가 하늘에서 떨어졌을 때, 하느님은 그들을 가둘 지옥을 만드셨다. 성경에서 지옥은 "악마와 그의 졸도들을 가두려고 준비한 영원한 불"(마태오 25, 41)로 묘사된다. 그곳에서는 "탄식과 울음과 고통의 비명만이 별빛 없는 대기 속으로 울려 퍼진다". 지옥의 하늘에는 별이 보이지 않는다. 이마미치에 의하면, '별'이라는 말에는 적어도 네 가지 의미가 담겨 있다.[12]

첫째, 별은 희망이다. 영화 〈스타 탄생〉과 무용극 〈예수 그리스도 슈퍼스타〉라는 제목에서 보듯이 우리는 현재의 영광과 장래의 희망을 한 몸에 지고 있는 사람을 스타라고 부른다. 둘째, 별은 인도자이다. 성모 마리아를 "바다의 별(海星, stella maris)"이라고 부르듯, 별은 밤바다에서 방향을 가리켜 준다. 클레르보의 성 베르나르도(St. Bernard of Clairvaux, c.1090~1153)는 말한다. "별을 보고 마리아를 부르자(Respice stellam, voca Mariam)." 셋째, 별은 이상(理想)이다. 칸트(Immanuel Kant)는 『실천이성비판』의 맺음말에서 "생각하면 할수록 더욱더 새로운, 아니 커지는 감탄과 숭경(崇敬)으로 내 마음을 채우는 두 가지가 있다. 내 위에 있는 별이 빛나는 하늘과, 내 안에 있는 도덕률이다"라는 유명한 구절

12 이마미치 도모노부, 『단테 〈신곡〉 강의』, 300~302쪽 참조.

을 남겼다. 이 문장은 바로 칸트의 묘비명이 되었다고 한다. 니체는 말한다. “이윽고 별이 없는 시대가 올 것이다.” 그의 예언대로 ‘별 볼 일 없는’ 현대의 도시는 이상향(理想鄕)이라기보다는 지옥에 가깝다. 넷째, 별은 사랑이다. 사랑하는 이의 눈동자는 별처럼 반짝인다.

그런데 ‘무한히 자비로우신 하느님께서는 어찌하여 지옥을 만드셨나?’라는 물음이 종종 제기된다. 즉 무한한 사랑과 절대적 정의가 서로 충돌하는 것처럼 보인다. 아직 연옥 교리가 없던 시절, 오리게네스(Origenes, 184~254)는 “예수님께서는 만물이 복원(apokatastasis)될 때까지는 하늘에 계셔야 합니다”(사도행전 3, 21)를 근거로, 총체적 구원론, 이른바 만물 복원설을 주장하다가 이단 선고를 받았다. 그것은 결국 지옥 해체설로 이어지기 때문이다. 오리게네스에게 죄인의 벌은 영원한 것이 아니고 치료용이자 교정용이었다. 그는 언젠가 모든 영혼이 하느님께 돌아간다고 믿었다.

발타자르 또한 『모든 사람이 구원되기를 희망해도 될까?』라는 소책자를 냈다가, “모든 사람은 구원되겠지만 발타자르 자신만은 혼자 지옥에 남을 것이다”라고 조롱을 당했다. 그러나 카를 라너(Karl Rahner, 1904~1984)가 말한 대로 우리가 하느님의 보편적 구원 의지를 믿는다면, 우리는 모든 이가 구원받을 수 있다는 희망을 가지고 우리 자신을 하느님의 크신 자비에 맡겨야 할 것이다. 그러나 동시에 영원

그림 5 오귀스트 로댕, 〈지옥문〉, 1880~1890년경, 파리 로댕박물관

히 멸망할 수 있다는 점도 명심해야 한다. 지옥은 발터 카스퍼(Walter Kasper, 1933~)의 말대로, 객관적 확실성이라기보다는 회심과 회생(回生)으로 우리를 초대하는 현실적 가능성이다.

과연 지옥은 있을까? 파스칼(Blaise Pascal, 1623~1662)은 말한다. "없다면 다행이지만 있다면 정말 큰일이다." 로댕의 조각 〈생각하는 사람〉은 본래 지옥문 위에 앉아 있었다. 오늘도 그는 마치 단테인 양 비참한 지옥으로 떨어지는 사람들을 바라보며 생각에 잠겨 있다.(그림 5)

5. 회색분자들의 비극

단테는 지옥문을 지나 지옥 입구에 들어선다. 거기에는 "치욕도 없고 명예도 없이" 살아온 영혼들이 처참한 상태에 있었다.

그자들은 저 사악한 천사들의 무리에 섞여 있다.
그 천사들은 하느님께 반역도 하지 않고
충실하지도 않고, 자신만을 위해 있던 자들이다.(「지옥」, 3, 37~39)

하느님께 반역한 마왕 루치페로는 그리스어로 '새벽의 여신을 나르는 자(Eos-phoros)', 즉 빛을 나르는 천사였다. 구약성경에는 "웬일이냐, 너 새벽의 여신 아들 샛별아, 네가 하늘에서 떨어지다니!"(이사야 14, 12)라고 기록되어 있다. 그

루치페로가 사탄이 된 것이다. 예수도 "나는 사탄이 하늘에서 번갯불처럼 떨어지는 것을 보았다"(루가 10, 18)라고 증언한다.

여기서 단테는 성경에는 나오지 않는 이른바 '중립 천사들(neutral angels)'이라는 전승에 동의한다. 그들은 루치페로가 하느님께 반역할 때, 선한(하얀) 천사들과 악한(검은) 천사들 사이에서, 마치 자동차의 중립 기어처럼, 어느 쪽으로도 가담하지 않고 단지 저 자신만을 위해(per sé) 있던 회색빛 천사들이었다.

하지만 회색빛 천사들이라고 해서 제3의 천사들은 아니다. 하느님에 대한 사랑과 자신에 대한 사랑 사이에 중간 지대란 있을 수 없기 때문이다. 반역 천사나 미온적 천사나 모두 다 자기만을 위해서 있는 천사들이다. 그러므로 싱글턴(Charles S. Singleton)의 번역처럼, 중립 천사란 검은 천사들 가운데 따로 떨어져 있는(stood apart) 회색빛 천사들을 가리킨다.[13]

충실함이 하느님을 향해 있는 사랑의 완성이라면, 반역은 하느님을 등지고 자기를 향해 있는 사랑의 전도(轉倒)이다. 그런데 이 사랑의 행위를 회피한 그들은 이른바 냉담 천사들이다. 성 베르나르도의 말대로, 하느님에게로 가는 길

13 Dante Alighieri, *The Divine Comedy*, tr. by Charles S. Singleton, Princeton UP, 1989, p.27.

위에서 가만히 서 있는 사람은 이미 뒷걸음질 치고 있는 것이다(이사야 50, 5). 단테는 특히 도덕적 위기 때 중립에 서는 자들을 가장 경멸하였다. 그들은 천국과 지옥 양편으로부터 모두 배제되어 우주적으로 고립된다. 베르길리우스도 단테에게 말한다.

> 그들의 명성을 세상은 남겨두지 않는다.
> 자비와 정의는 그들을 경멸한다.
> 그들에 대해 말할 것도 없다. 그저 보고 지나치자.(「지옥」, 3, 49~51)

그들에게는 죽음의 희망조차 없다. 즉 그들은 너무나도 고통스러워 죽고 싶지만 죽음조차 그들을 피해 달아난다(요한묵시록 9, 6). 단테는 분명히 깨달았다. "그들은 하느님도 싫어하시고 하느님의 적들도 싫어하는 사악한 자들의 무리라는 것을."(「지옥」, 3, 61~63) 차라리 실패해 본 사람이 아무것도 안 해본 사람보다는 낫다는 말이 있듯이, 어떤 의미에서 그들은 "한 번도 제대로 살아본 적이 없는(mai non fur vivi)", 그야말로 비열한 자들이다.

「요한묵시록」의 저자가 라오디케이아 교회 신도들을 향해 "너는 이렇게 뜨겁지도, 차지도 않고 미지근하기만 하니 나는 너를 입에서 뱉어버리겠다"(요한묵시록 3, 16)고 했듯이,

단테는 하느님께서 인간에게 주신 가장 큰 선물인 자유의지를 제대로 행사하지 않은 자들을 호되게 비판한다.

몇 년 전인가 나는 성 바오로의 선교 여행지 답사 때 라오디케이아 교회 유적지를 둘러본 적이 있다. 왼편 파묵칼레 온천에서는 뜨거운 물이 흘러오고, 오른편 설산에서는 차가운 물이 흘러내려 오는데, 그 한가운데인 라오디케이아에 다다르면 그 물들은 정말 미지근해졌을 것이다. 성경의 비유가 참으로 실감 나는 곳이었다.

단테는 그 영혼들 가운데 가장 비열한 자의 그림자를 알아본다. 구체적으로 그가 누구인지는 해석이 분분하다. 예수를 용서하지도 처벌하지도 못했던 본시오 빌라도라는 설도 있고(마태오 27, 24), 죽 한 그릇에 동생 야곱에게 장자 상속권을 넘긴 에사오라는 설도 있다(창세기 25, 29~34). 그러나 초기의 주석가들은 교황 첼레스티노 5세라고 말한다. 교황은 원래 은수자(隱修者)였으나 1294년 85세의 나이에 교황으로 선출되었다. 나폴리에 신임 교황의 거처를 마련한 그는 카를로 단조 2세의 꼭두각시에 불과했다. 정신적 고통으로 이미 퇴위를 결심한 첼레스티노 5세는 교회법 학자인 카에타니 추기경(후임 교황이 된 보니파시오 8세)에게 자발적인 퇴위에 대한 그릇된 조언을 듣고는 다섯 달 만에 다시 피에트로 수사로 돌아갔다. 그러나 단테의 주장과 달리 교황의 퇴위가 비겁함의 행위가 아니라 보니파시오 8세에게 길을 열

그림 6 미켈란젤로, 〈최후의 심판: 카론의 배〉, 1534~1541, 바티칸 시스티나성당

어주기 위한 고귀한 자기 포기의 행위였다는 주장도 있다.

이제 영혼들은 뱃사공 악마 카론이 싣고 가는 배에 올라탄다. 그들은 아케론강(고통의 강)을 건너 영원한 어둠 속, 불과 얼음의 지옥 안으로 실려 간다. "악마 카론은 이글거리는 눈빛으로, 그들을 가리키며 모두 한데 모아놓고, 머뭇거리는 놈들을 노로 후려쳤다."(「지옥」, 3, 109~111)(그림 6)

6. 지옥의 지형도

단테에 의하면 지옥은 북반구에 있는 거대한 깔때기 모양의 구덩이이다.(그림 7) 그 구덩이는 여덟 개의 동심원을 따라 내려가면서 좁아져 맨 밑 제9지옥에 이른다. 단테는 지옥을 9층으로 나누고 각각의 층을 원(圓, cerchio)이라고 부른다. 나는 공간적인 이해를 돕기 위해, 마치 지하 주차장을 내려가듯이, 각각의 원을 제1지옥〔B1〕, 제2지옥〔B2〕, …, 제9지옥〔B9〕이라고 부르고자 한다.

제1지옥은 림보이다. 지옥 같지 않은 지옥이다. 세례를 받지 못하고 죽은 어린아이들과 유덕한 비그리스도교도들의 영혼이 있는 곳이다. 그곳엔 기쁨도 없지만 그렇다고 고통스러운 곳도 아니다. 다만 하느님을 뵙고자 간절히 원하나 가망이 없기에 한숨만이 나오는 곳이다. 제2지옥에는 애욕의 죄인들이 어둠 속에서 무섭게 휘몰아치는 바람에 휩쓸

려 다니는 벌을 받고 있다. 제3지옥에는 식탐(食貪)의 죄인들이 심한 악취가 풍기는 진창 위에서 뒹굴고 있다. 제4지옥은 재물을 모으기만 한 인색한 자들과 낭비만 한 자들로 양분되어 있다. 그들은 가슴으로 무거운 짐을 굴리며 원의 반쪽을 영원히 왕복한다. 제5지옥에는 분노로 자기 자신을 잃고 몸을 망친 자들이 스틱스강에서 성난 얼굴로 난투를 벌이고 있다. 그 슬픔의 강 스틱스를 건너면 저만치에 불행한 하부 지옥의 도시 디스(Dis)가 불타고 있다. 단테는 이제 디스의 성벽 문, 즉 지옥의 내문(內門) 앞에 와 있다. 사실 이제부

그림 7 보티첼리, 〈지옥의 지형도〉, 1495년경, 바티칸도서관

터가 본격적인 지옥, 지옥 속의 지옥이다. 상부 지옥의 죄들은 그저 무절제에서 기인한 것이지만, 하부 지옥의 죄들은 모두 악의(惡意)에서 기인한 것들이다. 천사의 도움으로 내문을 통과한 단테는 제6지옥에서 이단자들이 불타는 관(棺) 속에서 벌 받고 있는 광경을 본다.

「지옥」 편 제11곡에는 어떠한 극적인 일화도 없다. 베르길리우스와 단테는 악취를 피해 이단자 교황 아나스타시오 2세(재위 496~498)의 무덤가에서 잠시 휴식을 취한다. 휴식을 취하는 동안 베르길리우스는 특히 디스의 성벽을 경계로 한 하부 지옥의 특징에 관해 설명한다.

> 악의로 자행하는 모든 행위는 하늘에서 미움을 산다.
> 그것들의 목적은 정의를 방해하는 것이며, 그 모든 불의의 목적은
> 폭력이나 기만으로 다른 사람들을 해치는 것이다.
> 그러나 기만이란 인간 고유의 악이기에,
> 하느님께서 가장 싫어하신다. 따라서 사기꾼들은
> 더 아래에 있고 더욱 큰 고통을 받는다.(「지옥」, 11, 22~27)

무절제의 죄들은 상부 지옥에서 벌을 받는다. 그 죄들은 선택적 악의에서 나온 것이 아니라, 약함이나 격정에서 나왔기 때문이다. 그러나 선택적 악의에서 나온 죄들은 하부

지옥에서 벌을 받는다. 그러므로 나는 상부 지옥과 하부 지옥의 차이가 각각 성약설(性弱說)과 성악설(性惡說)을 지칭한다고 생각한 적이 있다.

단테가 왜 상부 지옥의 죄인들은 불타는 도시 디스 안에서 벌을 받지 않는지를 묻자, 사부는 아리스토텔레스의 『니코마코스 윤리학』(7, 1)에 나오는 "성품과 관련해서 피해야 할 것 세 가지"를 들어 설명한다.

네가 공부한 『윤리학』이
하늘이 원치 않는 세 가지 성품을
완벽하게 검증할 때 사용한 저 말들,
무절제, 악의, 미친 수심(獸心)을
기억하지 못하느냐? 또한 무절제는
하느님께 덜 대드는 것이기에
덜 비난받는 것을 모르느냐?(「지옥」, 11, 79~84)

하부 지옥인 제7지옥은 폭력자들로 가득한데, 여기에는 타인에게, 자기 자신에게, 하느님에게 폭력을 가한 죄인들이 벌 받고 있다. 제8지옥은 자신의 이익을 위하여 악의로 기만(欺瞞)을 한 자들이 벌 받는 곳이다. 특히 기만의 죄는 「지옥」 편 제18곡에서 제34곡 끝까지 이어지는데 「지옥」 편 전체 분량의 절반을 차지한다. 여기에는 뚜쟁이들과 아첨

꾼들, 성직 매매자들, 점쟁이들, 탐관오리들, 위선자들, 도둑들, 모사꾼들, 분열과 불화를 일으킨 자들, 위조범들이 열 개의 구렁으로 나뉘어 벌을 받고 있다. 물론 최악의 기만은 배신이다. 그래서 혈연과 조국의 배신자들, 친구와 손님의 배신자들, 그리고 맨 마지막으로 인류의 은인인 그리스도 예수와 황제 카이사르를 배신한 자들이 제9지옥에 배치되어 있다.

단테가 「지옥」 편 제11곡에서 지옥의 구조와 죄의 분류를 설명하는 것도 흥미롭다. 수비학(數秘學, numerology)에 의하면, 11이라고 하는 수는 완전수인 10(십계명=하느님의 법)을 깨고 일탈한 죄를 상징하는 수이다. 『신곡』에서 죄(peccato)라고 하는 말 역시 전부 열한 번 나온다. 그리고 죄의 분류는 제11곡의 111행에서 끝난다. 또 원죄를 지닌 인간이라는 말(uomo, omo)도 110회(11×10) 나온다. 단수형으로 99회(11×9), 복수형으로 11회 나온다. 즉 인간은 죄(11)와 십계명(10) 사이에 있는 것이다. 한편 그리스도 예수는 33세(11×3)에 돌아가셨는데 그것은 인류를 죄에서 구원하셨다는 뜻이다. 『신곡』의 형식이 3운구법(韻句法, terza rima)에 의해 3행 33음절(11×3)로 된 것도 다 그런 의도에서이다.

7. 프란체스카와 파올로의 슬픈 사랑 이야기

단테는 사부와 함께 "모든 빛이 침묵하고 있는" 제2지옥으로 내려간다. 그 입구에서는 지옥의 심판관인 미노스가 죄의 종류에 따라 죄인들이 갈 곳을 정해주는데, 가는 곳의 숫자만큼 자신의 꼬리를 감았다. 이미 심판의 결과가 나와 있기에 미노스는 심판관이라기보다는 감옥의 관리자인 셈이다. 여기서 그럼 무절제가 일으킨 죄들 가운데 하나인 애욕의 죄를 살펴보기로 하자.

제2지옥에서는 육욕에 사로잡혀 이성을 잃었던 죄인들이 그 육욕만큼 강한 바람에 휩쓸려 다니는 벌을 받고 있다. 바람을 피운 죄이기에 바람으로 벌 받는 것일까? 애욕의 특징은 마치 회오리바람 같다는 데 있다. 성 아우구스티누스는 말한다. "어떤 사랑을 하느냐에 따라 어떤 인간이냐가 정해진다."(설교집, 96, 1) "부당한 사랑을 욕정(concupiscentia)이라고 부른다. 그 대신 올바른 사랑은 애덕(caritas)이라고 부른다."(시편 상해 9, 5) 욕정은 "그것이 무엇이든 사랑하고픈 것을 사랑하는 사랑"이나, 애덕은 "사랑할 만한 것을 사랑하는 사랑"이다.(서간집, 167, 4, 15) 또 『신국론』(14, 28)에서는 다음과 같이 말한다. "두 사랑이 있어 두 나라를 일으켰다. 자기 사랑, 하느님을 멸시하기에 이르는 자기 사랑은 지상국을 낳았고, 하느님 사랑, 자기를 비움에 이르는 하느님 사랑은 천상국을 낳았다."

리미니 군주의 아들인 잔초토와 1275년 정략 결혼한 라벤나 군주의 딸 프란체스카는 시동생 파올로와의 불륜이 발각되어 1285년 함께 살해당한다. 프란체스카는 단테가 지옥에서 처음으로 대화를 나눈 여인이다. 단테는 그녀의 가슴아픈 사랑 이야기를 무한한 동정심을 가지고 들으면서도 그녀를 지옥에 배치한다. 그러기에 보르헤스(Jorge Luis Borges, 1899~1986)는 단테를 "자비로운 사형집행인"이라고 부른다.[14] 이 모순을 어떻게 정당화할 수 있을까? 단테는 그녀를 이해하면서도 용서하지 않았다. 이는 비논리적이지만 진실에 가깝다.

사랑(Amor)은 이내 고귀한 마음에 불붙는 것.

---

14 Borges, J. L., *Nueve ensayos dantescos*, 竹村文彦 訳, 『ボルヘスの<神曲>講義』, 東京: 国書刊行会, 2001, pp.61~70.

이 사람은 빼앗긴 내 아름다운 육체를
사랑했으니, 그것이 아직 나를 괴롭힙니다.
사랑(Amor)은 사랑받으면 사랑하지 않을 수 없는 것.
나는 멋진 이 사람에게 사로잡혔으니
그대가 보듯, 아직 나를 사로잡고 있소.
사랑(Amor)은 우리를 하나의 죽음으로 이끌었지요.(「지옥」, 5, 100~106)

"사랑은(Amor)… 사랑은(Amor)… 사랑은(Amor)…"으로 시작하는 이 단락은 '사랑의 찬가'라고 불리는 아름다운 구절이다. 첫머리를 반복하는 아나포라(anaphora)는 두 사람의 운명적인 사랑과 그 비극적인 결말을 구성한다. 사랑은 이 내 고귀한 마음(cor gentil)에 불이 붙는 것이다. 파올로는 이 사랑의 불길을 느끼지 않을 수 없었다. 또한 사랑받은 사랑은 사랑하지 않을 수 없기에, 프란체스카는 자기를 사랑한 파올로를 사랑하지 않을 수 없었다.(그림 8) 이는 당시 궁정 연애시의 전형이며, 프란체스카는 이 시와 시인들을 대표한다고도 볼 수 있다. 프란체스카는 자신도 파올로도 이 사랑에는 책임이 없다고 변명한다. 사랑의 힘에 맞설 자는 아무도 없기 때문이다. 그런데 이 충동적인 사랑(amor passione)은 두 사람을 하느님께 향하지 못하도록 막아선다. 단테의 『새로운 인생(*Vita Nuova*)』은 바로 이러한 사랑을 노래하

그림 8 아리 스헤퍼르, 〈파올로와 프란체스카〉, 1855, 파리 루브르박물관

였다. 마지막 행 "사랑은 우리를 하나의 죽음으로 이끌었지요(Amor condusse noi ad una morte)"에서 '하나의 죽음(una morte)'은 발음상 사랑(amor)이라는 뜻도 담고 있다. 즉 사랑은 죽음을 불러왔지만 그 죽음도 역시 사랑이기에 사랑을 갈라놓을 수는 없었다. 하나의 죽음으로 맺어진 두 사람의 사랑은 지옥으로 떨어지며 역설적으로 영원한 사랑이 되었다. 단테는 이제 그 충동적 사랑의 시와 결별한다. 그리고 새로운 사랑으로의 변모를 위해 정신을 잃고 "시체가 넘어지듯이" 쓰러진다.

「지옥」 편에는 단테가 실신하는 장면들이 몇 군데 있다. 그 실신은 무엇을 말하는가? 이마미치는 말한다. "인간은 더 이상 견딜 수 없을 때 그 자리에서 의식을 잃어버리는 일이 있다. 어떤 것을 꼼짝 않고 쳐다보고 있다가 발광할 것만 같을 때, 인간은 정신을 잃고 쓰러져 버린다. 그러나 그것은 신의 커다란 은총의 하나이다."[15] 박상진도 다음과 같이 말한다. "단테가 지옥에서 기절하는 것은 자신의 의무를 너무나 벅찬 것으로 만드는 지옥의 끔찍한 광경을 이기지 못한 탓이다. 그래서 그는 두려워 도망가고 싶었을 테지만 (…) 스스로에게 주어진 의무의 전면적인 파기를 도저히 스스로 용납할 수 없었던 것이다. 그래서 그는 기절하면서 잠시 의무를 보

15 이마미치 도모노부, 『단테 〈신곡〉 강의』, 237쪽.

류하고자 한다."[16]

차이콥스키가 작곡한 〈프란체스카 다 리미니〉를 들으면서 프란체스카의 사랑의 찬가를 읊조려 보자. 그대 또한 단테처럼 실신할지 모른다.

16 박상진, 『사랑의 지성』, 민음사, 2016, 126~127쪽.

8. 자기 자신에게 가한 폭력: 자살의 죄

제7지옥에는 폭력을 행사한 죄인들이 벌을 받고 있는데, 그 입구를 미노타우로스가 지키고 있다. 그 괴물은 절반은 사람이지만 절반은 소(牛)다. 미노타우로스는 이성을 잃은 짐승 같은 분노를 상징한다. 즉 폭력의 죄는 야수성을 띠고 있다. 우리 주변에서 빈번히 일어나는 아동 학대, 노인 학대, 성폭력, 가정 폭력, 학교 폭력, 군대 폭력, 국가 폭력 등등, 이 모두는 인간이 이성을 잃고 짐승의 야수성을 드러내는 예들이다. 폭력은 무절제, 기만과 더불어 죄의 3대 범주에 속한다. 이는 악의에서 비롯되며, 타인의 인격과 재물을 파괴한다.

몇 년 전 한 선배 사제가 우울증이 있었다고는 하나 갑자기 목숨을 끊은 일이 있었다. 그 자신이 상담 전문가였기에 참으로 커다란 충격이었다. 더욱이 그날은 4월 1일 만우

절이었다. 문자 메시지가 좀체 믿기질 않았다. 고대 로마에서는 극도의 고통에 직면했거나, 불명예나 치욕의 경우에만 하는 자살을 인정하였다. 로마의 귀부인 루크레티아는 강간을 당하자 자결하였고, 공화정을 지지했던 우티카의 카토도 카이사르에게 패하자 생포 당하는 불명예를 피해 명예롭게 자결하였다.

토마스 아퀴나스(Thomas Aquinas, 1224~1274)에 의하면 자살이 죄인 이유는 세 가지이다. 첫째, 자연법 위반이다. 자기보존과 애덕을 향한 인간 본성에 위배된다. 둘째, 자기가 속한 사회에 대한 반역이다. 구성원을 줄임으로써 공동체에 타격을 주는 것이다. 셋째, 생사여탈권(生死與奪權)에 관한 신적 권위를 횡령하는 것이다. 생명은 하느님의 선물이다. 무서운 죽음을 모면하기 위해서, 혹은 어떤 죄에 대한 자책감으로, 혹은 타인이 죄의 대상이 되는 것을 저지하기 위해서 하는 자살도 금지된다.[17]

자살한 영혼들은 길이 없는 거칠고 빽빽한 가시나무 숲을 만든다. 그 숲은 푸른 숲이 아니라 어두운 빛깔이다. 가지들은 곧바르지 않고, 열매는 없다(「지옥」, 13, 4~6). 지옥에서 유일하게 식물이 등장하는 제7지옥 제2구역을 묘사하는 이 삼중 부정의 아나포라는 곧 인간 자신의 부정이다. 나무는

17 토마스 아퀴나스, 『신학대전』, 제2부 제2편 제64문 제5항.

나=무(無)!

단테가 큰 가시나무의 잔가지 하나를 꺾자 가지는 검붉은 피를 흘리며 비명을 지른다.(그림 9) 그는 황제 페데리코 2세(Federico Ⅱ, 1194~1250)의 최측근이 되었다가 주위의 질투로 억울하게 옥에 갇히고 눈알이 뽑힌 뒤 벽에 머리를 박고 자살한 피에르 델라 비냐(Pier della Vigna, 1190~1249)이다. 그는 평민 출신으로 시칠리아 왕국의 재상까지 올랐으나, 페데리코 2세가 교황 인노첸시오 3세(Innocentius Ⅲ, 재위 1198~1216)에게 패하자 정보 유출 혐의로 체포되었고, 교황과 음모하여 황제를 독살하려 했다는 중상을 받았다.

단테는 "질투는 만인의 죽음이며 궁정의 악덕이다"(「지옥」, 13, 64)라고 말한다. 질투의 죄는 무엇보다도 눈의 운동으로 여겨졌다. 질투의 죄인들은 모두 "눈꺼풀이 철사로 뚫려 꿰매져 있다"(「연옥」, 13, 70~72). 질투는 라틴어로 'invidia'라고 하는데, 보아야 할 것을 보지 못하게 한다는 뜻이다. '나는 너를 질투한다'는 말은 '나는 너를 보지 않는다(in-video)', 즉 네가 잘되는 것을 참고 볼 수 없다는 말이다. 성경은 말한다. "악마의 질투로 세상에 죽음이 들어왔다."(지혜서 2, 24) 질투로 수감된 피에르 델라 비냐는 페데리코 2세를 "명예로운 나의 주인 아우구스투스 황제"라고 부를 정도로 끝까지 신의를 지켰다. 그러나 황제까지 자신을 경멸하자 죽음을 택한 것이다.

그림 9 일 베키에타, 〈자신에 대한 폭력〉, 「지옥」 편 삽화, 1445년경

나의 마음은, 모멸을 맛본 나머지
죽음으로써 모멸을 씻을 수 있다고 믿어
정의로웠던 나를 불의하게 망쳤노라.(「지옥」, 13, 70~72)

단테처럼 시인이자 정치가였던 피에르 델라 비냐도 같은 편에 의해 배신을 당하고 사형선고를 받았다. 원래 포도나무(Vigna)였던 그는 지금은 가시나무가 되어버렸다. 자살자들은 인간의 아픔을 거절하고 절망에 뿌리를 내리며 식물로 변해버린 자들이다. 그들은 인간의 변화 가능성을 부정하고 자신을 절망에 고정시켰기에 식물의 형태를 취하는 것이다. "당신에게는 눈곱만큼도 연민이 없는 게요?"(「지옥」, 13, 36)

라고 말하는 피에르 델라 비냐에 대하여 단테는 사실 그가 너무 가여워 아무것도 물을 수 없었다.

자살한 영혼들은 몸으로부터 자신의 영혼을 뿌리째 뽑아낸다. 그리고 운명이 그들을 던지는 곳에서 식물처럼 자라난다. 최후의 심판 때 영혼들은 모두 생전의 자신의 몸을 되찾아 입는다. 그러나 자살한 영혼들은 스스로 자기의 몸을 버렸기에 되찾아 입지 못한다. 그래서 이 숲까지 몸을 질질 끌고 와 가시나무에 매다는 것이다. 마치 배반자 유다가 나무에 목을 매달고 죽은 것처럼 여기에는 배반이 암시되어 있다. 단테는 그러한 움직임을 멈추게 하고 싶었던 것일까? 자살한 영혼들이 움직이지 못하는 식물이 되어 지금도 슬픈 비명을 지르고 있다.

9. 국가의 모사꾼 오디세우스

단테의 시대는 유럽인들의 대서양 탐험이 막 시작되던 시기였다. 피렌체 상인들은 전 세계로 진출하여 부와 권력을 쌓았다. 포데스타 궁전 정문에는 "피렌체는 바다도 땅도 그리고 사실 전 세계를 통치한다"는 문구가 새겨져 있었다. 그렇게 위대한 피렌체에도 귀족 출신 다섯 명의 대도(大盜)를 포함하여 크고 작은 도둑들이 득실거렸다. 이처럼 제8지옥에는 악의로 기만한 죄인들이 벌을 받고 있다.

단테가 그 제8지옥 제8구렁에 그리스의 영웅 오디세우스를 배치한 것은 로마의 반(反)그리스, 친(親)트로이 정서 때문이다. 로마의 건국자 아이네아스는 트로이인이고, 그 트로이를 멸망시킨 것이 바로 그리스인 오디세우스였던 것이다. 오디세우스는 인간의 지성과 의지의 표상인 동시에 오만과 가장 유명한 속임수이자 사악한 모략의 표상이었다.(그

HELL
Canto 26

림 10) 그는 목마의 기습으로 트로이에 멸망을 가져온 국가적 모사꾼이다. 그런 오디세우스의 비극은 하늘로부터 받은 재능의 남용 때문이었다. 그는 단테에게는 타산지석이 되었다.

> 재능의 고삐를 여느 때보다 강하게 잡아당긴다.
> 착한 별이나 하느님이 나에게 이 선(善)을 부여하고 있어도,
> 헛되이 하지 않기 위하여.(「지옥」, 26, 22~24)

베르길리우스의 『아이네이스』(2, 164)에 의하면 오디세우스는 "범죄의 발명가"이다. 그러나 스토아파에 의하면 오디세우스는 역경에 직면하지만 용감하게 헤쳐나가는 영웅의 전형이다. 호라티우스도 사이렌의 유혹을 이겨낸 그의 식별과 인내를 찬미한다. 키케로 역시 그를 고향보다 지혜를 사랑하는 자의 모범으로 내세운다. 단테는 이러한 부정적 전통과 긍정적 전통을 합하여 새로운 이야기를 창작하였다.

즉 오디세우스는 고향 이타카로 향하는 구심적 인간과는 정반대로 미지의 세계를 향해 모험하는 원심적 영웅으로 재창조된 것이다. 오디세우스는 바로 단테 자신의 시적 항해이다. 단테 역시 피렌체로 귀향하는 대신 미지의 저승 세계로 향한다. 삶과 죽음의 경계를 넘어서, 신과 인간의 경계를 넘어서, 단테는 시를 통해 하느님의 섭리를 과감하게 선언한다. 무엇보다도 그 난파의 위험을 알면서도 앞으로 나아

그림 10 윌리엄 블레이크, 〈같은 화염에 싸인 오디세우스와 디오메데스〉, 「지옥」 편 삽화, 1824~1827

갔다.

오디세우스는 "자식에 대한 애정도, 늙은 아버지에 대한 효성도, 아내를 기쁘게 해주었어야 하는 당연한 사랑도" 포기하고(「지옥」, 26, 94~96), 인간의 모든 악덕과 가치를 알고 싶은 열망에 동료들과 미친 항해(folle volo)를 감행한다. 그리고 연옥 산 앞바다에서 침몰하고 말았다. 그는 짐승이 아닌 인간에게는 정녕 이러한 덕과 지식을 끝까지 추구하고자 하는 열망이 있다고 웅변한다.

> 나는 말했다. 〈오, 형제들이여, 수많은
> 위험들을 넘어, 서쪽 끝에 도달한 이들이여.
> 이제 얼마 남지 않은
> 우리의 감각들이 깨어 있는 이 짧은 동안에,
> 태양 너머에 펼쳐진, 사람 없는 세상을
> 체험하고 싶은 욕망을 거부하지 마라.
> 그대들의 태생을 생각해 보라.
> 짐승처럼 살려고 그대들은 만들어지지 않았다.
> 덕과 지식을 극도로 구명(究明)하기 위하여 만들어진 것이다.〉(「지옥」, 26, 112~120)

단테는 『향연』(1, 1~2) 서두에서 아리스토텔레스의 『형이상학』 서두를 인용한다.

"모든 사람은 본성적으로 지식을 원한다." "지식은 우리 영혼의 최종적인 완성이며, 그 안에 우리의 최종적인 행복이 있다." 덕과 지식은 인간 활동의 실천적 지적 영역과 관련된 이교도의 이상이다. 그러나 오디세우스의 영웅적인 웅변은 결국 동료들을 파멸로 이끄는 속임수 권유가 되고 만다. 1291년 제네바의 비발디 형제도 인도 항로를 찾아 지브롤터 해협 너머 대서양으로 나아갔지만 다시는 그들의 소식을 들을 수 없었다. 하느님의 뜻에 의한 단테의 여정과는 달리 홀로 감행된 오디세우스의 항해는 결국 난파하고 말았다. 이는 단테에게 고전 그리스 세계의 "도달 없는 귀환", "오염된 순례"의 종언이었다.[18] 오디세우스는 또 다른 아담이자 새로운 루치페로였다. "표시를 넘어선 것"(traspassar del segno, 「천국」, 26, 117)이 그 원인이었다.

오디세우스는 대서양을 남하한 그의 최후의 항해를 마치 한편의 극중시(劇中詩)처럼 이야기한다. 그는 그리스도의 예형인 헤라클레스가 기록한 경고를 무시하고, 하느님의 인도 없이 이성의 상징인 달의 인도만으로 연옥 산을 오르려다 침몰하였다. 중세 시대에 오디세우스의 이야기에서 사기를 뜻하는 목마(木馬)와 진리의 탐구를 뜻하는 귀향의 알레고리는 서로 모순을 일으켰다. 단테는 이 모순을 해결하고자 오디

18 박상진, 『단테 신곡 연구』, 제4장 참조.

세우스의 귀향을 하느님의 인도가 없는 진리 탐구로 만든 것
이다.

10. 백작 우골리노와 대주교 루제리

마지막 지옥인 제9지옥은 코키토스(통곡의 강)라고 불리는 얼음 왕국이다. 코키토스는 네 구역으로 나뉘어 있고 네 종류의 배신자들이 그 안에서 벌 받고 있다.

제1구역은 동생 아벨을 죽인 카인의 이름을 따 '카이나(Caina)'라고 불리며, 자신의 혈연을 배신한 자들이 있는 곳이다.[19] 그들은 목 아랫부분이 얼음에 갇혀 있고, 얼굴은 모두 밑을 향하고 있다. 제2구역이 '안테노라'라고 불리는 것은 조국을 배신한 트로이 장군 이름 때문이다. 따라서 안테노라에는 자기 조국이나 당파를 배신한 죄인들이 벌 받고 있다. 저편 한 구렁에 두 남자가 꽁꽁 얼어붙은 채 위에 있는 남자가 아래에 있는 남자를 물고 늘어지며 증오심을 쏟아내

19 「지옥」, 5, 107. 아내 프란체스카와 동생 파올로를 살해한 잔초토 말라테스타 역시 이곳에 와 있다.

고 있다. 피사의 백작 우골리노와 대주교 루제리이다.

그때 얼어붙어 있는 두 사람을 한 구멍에서 나는 보았다.
하나의 머리가 다른 자의 모자가 되어 있었다.
그리고 마치 배고픔에 게걸스럽게 먹어대는 빵처럼
위에 있는 자는 상대방의 머리와 목덜미가 맞붙은 곳을
이빨로 물어뜯고 있었다.(「지옥」, 32, 125~129)

원래 기벨리니(황제파)였던 백작 우골리노는 1275년 피사를 장악하기 위하여 겔피(교황파) 지도자인 사위를 도와 교황파 정부를 세운다. 그러다 1284년 제노바에게 해전에서 패

그림 11 일 베키에타, 〈우골리노 백작의 이야기〉, 「지옥」 편 삽화, 1445년경

한 후 제노바를 견제하기 위해 피렌체와 루카에 몇 개의 성을 내주고 동맹 관계를 맺었다. 이에 황제파 대주교 루제리에 의해 쿠데타가 일어나고 백작 우골리노는 당파와 조국을 배신했다는 죄명으로 자식들과 함께 감옥에 수감되었다가 아사하였다. 네 명의 자식들이 자기 앞에서 굶주림으로 하나하나 쓰러져 가는 것을 지켜볼 수밖에 없었던 백작 우골리노의 사연은, 형벌의 책임을 가족 전체에게 묻는 비열함, 인권을 무시한 아사형(餓死刑), 자식의 호소에도 아무것도 할 수 없는 아비의 비운(悲運)이라는 점에서 가장 비인간적이면서도 동시에 가장 인간적이다.[20] (그림 11)

> 나는 눈물을 흘리지는 않았고 그만큼 가슴속은 돌이 되었지요.(「지옥」, 33, 49)

백작 우골리노의 가슴은 그때 돌이 되었다가 지금은 증오의 얼음이 되어 있다. 대주교 루제리는 탑 입구를 못질하고 그 열쇠를 강물에 던져버렸다. 못질 소리를 듣고 불안에 떠는 자식들을 보고 아비는 자신의 팔을 깨문다. 자식들은 효심으로 죽음을 앞당기고자 백작 우골리노에게 다음과 같이 말한다.

20 이마미치 도모노부, 『단테 〈신곡〉 강의』, 276쪽.

아버지, 아버지가 저희를 잡수시는 것이

저희의 슬픔을 덜어줍니다. 아버지가 저희에게 이 가엾은 몸을

입혀주셨으니, 이제는 아버지가 벗겨주십시오.(「지옥」, 33, 61~63)

몸을 내어주는 행위는 그리스도의 수난과 겹쳐진다. 그러면서도 넷째 날 우골리노의 넷째 아들 가도는 쓰러지면서 그리스도 예수처럼 말한다.

나의 아버지, 어찌하여 나를 도와주지 않습니까?(「지옥」, 33, 69)

우골리노는 자식들이 쓰러지는 것을 보면서 눈이 멀었다. 그런데 그 고통 못지않게 굶주림도 더 참을 수 없었다. 아비는 어쩌면 죽은 아들들의 시신을 먹고 더 이상 인간임을 그만두었는지도 모른다.

이미 눈이 멀어버린 나는 자식들을 손으로 더듬으며 돌았지요.

자식들이 죽고 나서도 이틀 동안 그들의 이름을 계속 불렀습니다.

그 뒤 배고픔이 슬픔을 이겼지요.(「지옥」, 33, 73~75)

배고픔에 대한 해석은 서로 엇갈린다. 누구는 사람 고기를 먹었다고 한다(예레미야 19, 9). 그런데 단테가 사용한 배고픔이라는 단어는 '굶주림(fame)'이 아니라 '단식(digiuno)'이란 점에 주목하자.

백작 우골리노 이야기는 인간의 고통과 악에 관한 가장 그로테스크한 설명들 가운데 하나이다. 우리가 텍스트를 문자적으로만 해석하면 그것은 시체를 먹는 식인(食人) 풍습(cannibalism)이라는 기괴한 이야기에 불과하다. 그러나 프레체로의 설명대로 이를 영적으로 해석하면, 그것은 그리스도의 살아 있는 몸을 영하는 성체 배령(communion)의 이야기가 된다.[21]

21 Freccero, *Dante The Poetics of Conversion*, 제9장 참조.

11. 하느님을 배신하는 자 모든 것이 그를 배신하리라

제9지옥 제1구역 카이나에는 혈연을 배신한 자들이, 제2구역 안테노라에는 조국과 당파를 배신한 자들이 있었다. 제3구역인 톨로메아에는 친구와 손님을 배신한 자들이 등장한다. 제3구역의 죄가 더 큰 것은, 혈연과 조국은 자신이 선택할 수 없지만 친구와 손님은 자신이 선택할 수 있기 때문이다. 제1, 제2 구역의 죄인들은 고개를 숙이고 있지만, 제3구역의 죄인들은 모두 고개를 곧게 세우고 있다. 고개를 숙이고 있으면 눈물이 눈에서 직접 떨어지나, 고개를 바로 세우고 있으면 눈구멍에 눈물이 고여 얼어버린다.

> 그곳에서는 울음 자체가 울음을 방해하고 있었다.
> 괴로움의 눈물은 눈이 막혀 있는 것에 부딪혀
> 안으로 향해 더욱 큰 고통이 되었다.(「지옥」, 33, 94~96)

그러므로 고개를 숙이고 있는 편이 덜 고통스럽다. '톨로메아'라는 명칭은 유다 지방을 차지하려고 장인과 그 아들들을 불러 성대한 잔치를 베풀고 술에 취하게 한 뒤 살해한 프톨레메오라는 자의 이름에서 나왔다(마카베오상 16, 11~17). 한 가지 끔찍한 사실이 있다. 그것은 배신자들의 영혼은 죽기 전에 이곳 톨로메아로 먼저 떨어져 살아서 지옥을 맛본다는 점이다. 대신 지상에 남아 있는 좀비 같은 육체 안으로는 악마가 들어가 '육화한 악마'가 된다.

영혼이 배신하게 되면, 곧바로 그 육체는
한 악마에게 빼앗겨 버린다. 그 후로 주어진 시간이 모두 흐르는 동안
악마는 그것을 자기 것으로 삼는다.(「지옥」, 33, 130~132)

예수를 배신한 유다의 경우도 그러했다. "유다가 그 빵을 받아먹자마자 사탄이 그에게 들어갔다."(요한 13, 27)

제9지옥의 마지막 구역은 지옥의 맨 밑바닥이다. 배신자 가리옷 사람 유다의 이름을 따 '주데카'라고 불리며 은인을 배신한 자들이 거기에 얼어붙어 있다. 그 중앙에는 세 개의 얼굴을 지닌 악마 대왕이 우뚝 서서 여섯 개의 날개로 증오의 차가운 바람을 불어 올려 코키토스강을 온통 얼어붙게 하였다. 악마 대왕의 여섯 개의 눈은 눈물을 흘렸고, 또 여섯

개의 귀를 가지고 있기에 666이라는 숫자로 불렸다. 각각의 입은 죄인을 한 사람씩 물고 씹어 으깨며 엄청난 고통을 주고 있었다.(그림 12) 그의 식인성(食人性)은 그리스도가 자신의 몸을 내어주는 성체성사와는 정반대임을 보여준다.

또한 악마 대왕은 영원한 침묵으로 단죄 받았다. 이 역시 사람이 되신 말씀(Verbum)과 대척을 이룬다. 제34곡에 나오는 그의 이름은 루치페로(89행), 사탄, 디스(20행), 마귀 우두머리 베엘제불(127행)〔열왕기하 1, 2; 마태오 12,24〕, 고통스러운 왕국의 황제(28행), 세상을 갉아먹는 사악한 벌레(108행) 등 다양하다.

악마 대왕의 한가운데 빨간 얼굴에는 유다의 상체가 입 안에서 씹히고 있다. 유다는 제19곡에 나오는 성직 매매자들처럼 머리는 입안에 있고, 다리가 밖으로 나와 있다. 그는 인류의 은인인 그리스도 예수(교회)의 배반자이다. 오른쪽 노란 얼굴에는 카이사르(제국)의 배신자인 카시우스, 그리고 왼쪽 검은 얼굴에는 브루투스가 물려 있다. 여기서 빨강은 성령의 사랑과 반대되는 증오, 노랑은 성부의 권능과 반대되는 무능, 검정은 성자의 지혜와 반대되는 무지를 상징한다. 이 세 배신자는 인류의 두 영웅, 즉 지상의 새 질서를 확립한 카이사르와 천상의 새 질서를 확립한 그리스도를 배신한 것이다.

사람이 죄를 피하려면 먼저 죄의 두려움을 알아야 한다.

그림 12 일 베키에타, 〈악마 대왕 루치페로와의 대면〉, 「지옥」 편 삽화, 1445년경

지옥의 구조는 가장 무서운 죄가 무엇인지를 우리에게 가르쳐 준다. 사람이 짓는 죄 가운데 가장 큰 죄는 하느님을 배신하는 것이다. 프랜시스 톰슨이 「하늘의 사냥개」에서 노래하였듯이, 하느님을 배신하는 자 모든 것이 그를 배신하리라. 이마미치는 「지옥」 편의 중심 사상은 배신이 아니라 오히려 '우정(友情)'이라고 말한다.[22] 제34곡에는 바로 이 우정의 파괴자들이 등장하고 있으며, 단테는 여기서 절대로 우정만은 배신하지 않겠다는 굳은 결의를 다지고 있다. 이제 돌과 얼음이 된 인간 내면의 밑바닥까지 견뎌낸 단테(Durante)는 밖

22 이마미치 도모노부, 『단테 〈신곡〉 강의』, 279쪽.

으로 나와 별들을 올려다본다.

> 그분이 앞서고 그 뒤를 내가 따라서 우리는 올라갔다.
> 마침내 나는 동그랗게 뚫린 구멍 사이로 하늘이 운반하는
> 아름다운 것들을 보았고,
> 우리는 밖으로 나와 별들을 다시 보았다.(「지옥」, 34, 136~139)

『신곡』의 각 편은 모두 "별들(stelle)"이라는 말로 마무리된다. 이 별들은 이제부터 상승하는 여정의 길을 가리키고 있다. 그리고 독자들이 각자의 인생길에서 마음으로 하늘을 올려다보며 살아가기를 권고한다.[23]

---

23 가톨릭 미사 경문 가운데 감사송에서도 사제가 "마음을 드높이(Sursum corda)" 하면 신자들은 "주님께 올립니다(Habemus ad Dominum)"라고 응답한다.

단테의
『신곡』

「연옥」 편

12. 연옥(煉獄)의 정의(定義)

시인 단테의 『신곡』은 먼바다를 향해 출범하는 항해의 이미지를 보여준다. 고향 이타카로 돌아가지 않고 다시 미지의 세계로 떠났던 오디세우스처럼, 시인 단테 또한 육신의 고향인 과거의 피렌체로 귀환하지 않고 영혼의 고향인 미래의 천국을 향해 떠난다.

> 더 나은 바다를 달리고자
> 지금 내 재능의 쪽배는 돛을 올렸다.
> 그토록 잔인한 바다를 뒤에 두고서,(「연옥」, 1, 1~3)

한편 주인공 단테는 「지옥」 편에서는 마치 동굴 탐험가처럼 더듬더듬 지하로 내려가고, 「연옥」 편에서는 마치 등반가처럼 엉금엉금 7층 산을 기어오른다. 그리고 「천국」 편에서는 인류 최초의 우주비행사처럼 훨훨 태양계를 난다.

발타자르는 단테의 신학적 미학을 다룬 『영광』에서 『신곡』을 「연옥」 편, 「천국」 편, 「지옥」 편 순으로 해설한다. 왜 「지옥」 편이 맨 앞이 아니고 맨 뒤에 가 있는 것일까? 그리스도교의 복음은 무엇보다도 구원하는 사랑이다. 하지만 영원히 단죄 받은 나라, 영원히 배제된 나라인 지옥에서도 복음은 구원하는 사랑일까? 지옥에서는 아무 일도 일어나지 않는다. 사랑이 부재하기 때문이다. 베르나노스(George Bernanos, 1888~1948)는 『시골 사제의 일기』에서 이렇게 말한다.

"우리 가운데 하나가, 산 자 가운데 가장 타락하고 가장 경멸스러운 자가 그러한 불타는 심연 가운데로 던져진다면, 나는 그의 고통을 나눌 준비가 되어 있는가? 그의 고통을 나누기 위하여 나는 집행인에게 그를 요구해야 하는가? (…) 슬픔은 그들이 더 이상 나눌 것을 가지고 있지 않다는 것이다. 형언할 수 없는 상실감은 한때 인간이었던 그들이 지금은 숯처럼 까맣게 타버린 돌멩이가 되었다는 것이다."[24]

우리는 이미 「지옥」 편 후반부에서 인간에서 짐승으로, 짐승에서 돌로, 돌에서 얼음으로 변한 죄인들을 보았다. 단테는 더 이상 동정을 베풀지도 눈물을 흘리지도 않는

---

24 Hans Urs von Balthasar, *The Glory of the Lord*, vol. 3, p.99.

다. 지옥에서 하느님의 사랑은 정의에 의해 완전히 가려진다. 오직 응보(應報, contrappasso), 동태복수법(同態復讐法, lex talionis)만이 작동한다. 그런데 어떻게 베르길리우스는 지옥에서부터 나와 연옥까지 단테를 안내할 수 있었을까? 또 어떻게 그리스도교 세례를 받은 적이 없는 황제 트라야누스와 트로이의 영웅 리페우스는 천국에 와 있을까?(「천국」, 20) 모든 것은 우리의 이해를 넘어선 하느님의 섭리에 달려 있다.

『신곡』 전체는 단테와 베아트리체의 연옥에서의 재회를 둘러싸고 구성된다. 특히 7층 산은 그 만남을 위한 준비이다. 7층 산은 참회, 고백, 보속이 하나로 된 산이다. 그 산을 한 층씩 올라가는 것은 죄의 허물을 벗는 것이며(「연옥」, 2, 122), 매듭을 푸는 것이다(23, 15). 등반은 낮에만 가능하며(7, 44), 올라갈수록 쉬워진다(4, 90). 그 오름은 산 자들의 기도와 선행으로 가속되며(6, 37~39), 은총으로 도약한다(9, 1~69).

> 나는 저 둘째 왕국을 노래하련다.
> 거기서 인간의 영혼은 씻겨져
> 하늘로 오르기에 합당하게 된다.(「연옥」, 1, 4~6)

이것이 바로 연옥의 정의다. 연옥은 12세기 이후에 나온 개념이다. 서양 중세는 혈통의 고귀함을 강조하는 귀족 계급과 하층민인 농민으로 양분되어 있었는데, 도시 시민계급의 등장으로 봉건제의 농업 경제에서 도시의 상업 경제로 바뀌어 갔다. 이제 고귀함은 혈통이 아니라 살아가는 방식이다. 따라서 속죄의 장소인 연옥이 필요해진 것이다. 예를 들어 「연옥」 편 제5곡에 나오는 부온콘테 다 몬테펠트로는 평생 죄를 짓다가 죽기 직전에 흘린 참회의 눈물 한 방울 덕분에 하늘로 올려졌다. 죄를 씻는 과정도 없이 순교자들, 성인들과 함께 있게 된 것이다. 그러나 참회한 죄인들도 어디선가 여죄(餘罪)를 씻어야만 한다. 이러한 문제를 해결하기 위해서 신학자들은 천국과 지옥 사이의 중간 영역을 생각해 냈다. 그리고 그곳을 '연옥(煉獄)', 곧 '정죄계(淨罪界, purgatorio)'라고 불렀다. 이렇듯 연옥의 논리적인 필연성은 인정되었지만, 당시 연옥에 관한 시각적 문학적 신학적 선구자들은 아주 빈약하였다. 이제 단테의 「연옥」 편은 가장 독창적인 창조물이 된다.

지옥문은 언제나 활짝 열려 있어 어디서든 쉽게 들어갈 수 있다. 반면 연옥은 침투하기 어려운 요새와도 같다. 연옥은 사탄이 하늘에서 떨어질 때 생긴 원추형(圓錐形) 산이다. 그 산은 가파르다. 그리고 두 벽으로 보호를 받는다. 하나는 벼랑으로 연옥 입구와 본 연옥을 나눈다. 다른 하나는 불의 벽으로 연옥과 지상낙원을 분리한다. 벽들 사이에는 일곱 개의 동심원적 둘레길이 있다. 각 둘레길에서 영혼들은 칠죄종(七罪宗 : 교만, 질투, 분노, 게으름, 탐욕, 식탐, 음란)의 죄를 씻는다. 연옥의 문은 바늘구멍처럼 좁고(마태오 7, 13~14), 이중으로 잠겨 있으며 항상 천사가 지키고 있다.

13. 자유로 가는 순례길

연옥 입구를 지키는 파수꾼은 우티카의 카토다. 현명, 정의, 용기, 절제의 추요덕(樞要德)을 의미하는 성스러운 별 네 개의 빛살이 그의 얼굴을 장식하고 있다. 카토는 기원전 49년 내전이 발발하자, 공화정의 자유를 지키고자 폼페이우스 편에 선다. 그리고 파르살리아 전투 후에 그는 아프리카에서 스키피오 편에 가담하였으나, 아프리카 전체가 카이사르에게 항복하자 생포되는 것을 불명예로 여겨 명예롭게 자결하였다. 그는 죽기 전날 밤 플라톤의 『파이돈』(영혼불멸론)을 밤새 읽었다고 한다.

카토는 자살하였고 이교도이며 로마제국의 건국자인 카이사르의 적이므로 우리는 그가 브루투스나 카시우스와 함께 지옥에 있어야 한다고 생각할 수 있다. 그런데 그는 지금 연옥에 있고 언젠가는 천국에 가게 될 것이다. 단테는 카토를 자유를 위해 순교한 자로 받들고 있다.(그림 13) 그리하여 죄를 씻음으로써 자유로워질 영혼들의 수호자로 삼았다. 단테는 『제정론(*De monarchia*)』(2, 5, 15)에서도 카토에게 커다란 존경심을 표현한다.

“자유를 가장 엄정하게 수호한 인물로 카토의 형언 못 할 희생도 있다. (…) 카토는 자유에 대한 사랑을 세상에 불사르기 위하여 자유가 얼마나 값진가를 보여주었다. 즉 자유 없이 목숨을 부지하느니 차라리 자유로운 인간으로 목숨 버리기를 더 바랐던 것이다.”

「지옥」 편이 우정의 회복을 노래하고 있다면, 「연옥」 편은 자유의 회복을 노래한다. 죄의 종살이에서 진리로의 해방인 자유는 연옥 순례의 목표이다. 단테는 카토를 “오, 거룩한 가슴이여”(「연옥」, 1, 80)라고 부르며 그를 자유의 상징으로 언급한다. 베르길리우스는 카토에게 연옥 순례를 부탁하며 다음과 같이 말한다.

> 그가 온 것을 기꺼이 받아들여 주십시오.
> 그가 이처럼 소중한 자유를 찾아가는 것을
> 자유와 목숨을 바꾸신 분은 아시겠지요.(「연옥」, 1, 70~72)

단테는 천국 순례의 끝에서도 그를 구원의 길 마지막까지 인도한 베아트리체에게 감사하는 마음으로 다음과 같은

그림 13 〈카토에게 경의를 표하는 단테〉, 나폴리 사본, 1370년경

찬가를 드린다.

> 그대는 나를 종에서 자유로 이끌어 주셨습니다.
> 그대가 할 수 있었던
> 그 모든 길, 모든 수단을 통하여.(「천국」, 31, 85~87)

부활 대축일 아침 바다 위로 천사의 배가 연옥 산으로 올라갈 영혼들을 싣고 온다.(그림 14) 배 안에서는 연옥 해안에 도착한 영혼들이 성가 〈이스라엘이 이집트에서 나올 때(In exitu Isarel de Aegypto)〉를 노래한다. 귀에 거슬리던 지옥의 불협화음이 연옥에서는 성가의 달콤한 화음으로 바뀐다. 이 성가는 두 시인이 연옥 산 정상을 향해 가면서 앞으로 많이 듣게 될 성경과 전례 텍스트들 가운데 첫 번째이다. 성경 구절이 연옥에서는 재교육 프로그램의 중추를 형성한다. 이 「시편」(114)은 이집트와 죄의 굴레로부터의 해방을 감사하는 찬가이다.

단테는 『향연』(2, 1)에서도, 자신의 회심의 예시가 되는 이 구절을 성경 해석의 전통에 결부시킨 적이 있다. 즉 이 한 구절에는 문자적 의미 외에도 우의적, 도덕적, 영적(천상적 혹은 신비적) 의미가 주어져 있다. 문자대로의 의미는 모세의 시대에 이스라엘 백성이 이집트에서 탈출했다는 것이다. 우의적인 의미는 그리스도를 통한 우리의 속죄이다. 도덕

그림 14 귀스타브 도레, 〈연옥으로 영혼들을 싣고 오는 천사 뱃사공〉, 「연옥」 편 삽화, 1868

적 의미는 죄와 슬픔과 비참함으로부터 하느님의 은총을 받고 있는 상태로의 영혼의 변화이다. 마지막으로 영적 의미는 현세 타락의 속박에서 해방되어 깨끗해진 영혼이 영원한 영광으로 가득 찬 자유로 가는 길을 떠나는 것이다. 즉 이 영혼들은 그리스도의 희생으로 주어진 현세의 속박으로부터의 해방을 축하하고 있다. 이 구절에서부터 순례라는 주제가 나온다.

참고로 단테는『새로운 인생』제40장에서, 하느님의 영광을 위해 순례를 떠나는 사람들을 부르는 고유한 이름에는 세 가지가 있다고 말한다. 즉 예루살렘에 가서 기념으로 종려나무 가지를 가지고 오는 사람들은 '종려 순례자(Palmiere,「연옥」, 33, 77~)', 로마가 순례의 목적지인 사람들은 '로마 순례자(Romeo)', 그리고 엄격한 의미에서 산티아고 데 콤포스텔라 대성당을 향해 순례를 떠나는 사람들만을 '먼 길을 가는 순례자(Peregrino)'라고 부른다는 것이다. 베르길리우스는 영혼들에게 "우리도 그대들처럼 순례자(peregrin)요"라고 말한다.(「연옥」, 2, 63)

지옥에서의 여정을 순례라고 부른 적은 없다. 순례는 탈출이요, 삶의 새로움이며, 약속된 땅으로의 전진 운동이다. 성경도 그리스도교 신자들을 순례자라고 부른다.

"그들은 이 지상에서는 자기들이 타향 사람이며 나그네에 불과하다는 것을 인정했습니다. 그들이 이렇게 생각한

것은 그들이 찾고 있던 고향이 따로 있었다는 것을 분명히 드러내는 것입니다."(히브리서 11, 13~14)

14. 연옥 문의 천사

그림 15 〈연옥 문〉, 이탈리아 사본, 1376년경

지옥의 내문(內門)은 「지옥」 편 제9곡에 나온다. 그 문을 들어서면 본격적인 지옥이다. 「연옥」 편도 제9곡에 와서야 연옥 문이 나온다. 여기서도 그 문을 들어서야만 본격적인 연옥이 시작된다. 단테가 깊이 잠들어 꿈을 꾸고 있는 사이 성녀 루치아가 단테를 연옥 문 앞까지 옮겨다 준다.

> 나는 보았다, 하나의 문과 그 아래에
> 문으로 올라가는, 각각 색이 다른 세 계단과
> 아직은 아무 말이 없는 문지기 한 분을.(「연옥」, 9, 76~78)

계단 맨 위에는 천사가 앉아 있다. 천사가 뽑아 든 칼은 너무나도 눈부셔 단테는 얼굴을 들 수 없었다. 칼은 권위를 가지고 판결을 내리는 분을 나타낸다.(그림 15)

우리는 그 앞으로 나갔다. 첫째 계단은
매끄럽고 선명한 하얀 대리석으로
나는 그 안에다 내 모습을 그대로 비춰볼 수 있었다.
둘째 계단은 검보라색보다도 더 어두웠는데
눌어붙어 까칠까칠한 돌로 되어 있었으며
가로와 세로로 크게 금이 가 있었다.
그 위에 한 덩이 얹혀 있는 세 번째 계단은
내게는 동맥에서 뿜어 나오는 피처럼
새빨갛게 불타는 반암(斑岩) 같았다.(「연옥」, 9, 94~102)

이는 고해성사의 세 단계와도 같다. 즉 하얀 대리석으로 된 첫째 계단은, 거울을 보듯이 자기 자신을 응시하는 깨끗한 양심을 상징한다. 이 계단에서는 마음의 통회가 일어난다. 흑자암으로 된 둘째 계단은, 수치심에 괴로워하면서도 마음속 깊은 곳의 죄를 있는 그대로 입으로 고백함을 상징한다. 진홍암으로 된 셋째 계단은, 하느님의 사랑에 힘입어 보속(補贖)에 매진하는 행위를 상징한다.

천사는 그 위 다이아몬드에 앉아 있다. 이는 악에 지지 않는 강인한 정신으로 사제의 임무를 완수함을 상징한다. 단테가 무릎을 꿇고 얌전하게 문을 열어줄 것을 청하자, 천사는 칼끝으로 칠죄종을 의미하는 일곱 개의 'P' 자를 단테의 이마에 새긴다. 단테는 앞으로 7층 산을 오르며 P 자를 하나하나 지워나갈 것이다. P 자는 죄를 의미하는 라틴어 'Peccatum'에서 왔다. 천사는 죄를 상처라고 말한다. "안으로 들어가 이 상처들을 씻어라."(「연옥」, 9, 114)

재나 땅에서 파낸 마른 흙이
그분의 옷과 같은 색이었다.
그 옷 밑에서 열쇠 두 개를 꺼냈다.
하나는 금으로 다른 하나는 은으로 되어 있었다.
먼저 흰 열쇠를, 다음에 노란 열쇠를
문에 꽂자, 나는 무척 기뻤다.(「연옥」, 9, 115~120)

열쇠들의 힘에 대해서 성 토마스는 『신학대전』(보충부 17, 2~3)에서 다음과 같이 말한다. "열쇠의 힘은 하늘나라에 합당한 자를 받아들이고 합당하지 못한 자를 거부하는 교회의 판단을 통해서 행사되는 능력이라고 정당하게 정의되고 있다. 그리고 하나의 열쇠에 대한 능력이라기보다는 열쇠들에 대한 능력이라고 말한다. 그 이유는 교회의 판단 직무에 관련되는 행위는 두 가지이기 때문이다. 하나는 재판받는 자에 대해 은총에의 합당 여부를 판가름하고, 다른 하나는 사면을 선고하는 행위다. 그러므로 하나라기보다는 두 가지 능력이다."

즉 금 열쇠는 사죄권을 상징한다. 그 권위는 하느님에게서 온다. 은 열쇠는 사죄하는 구체적인 행위를 상징한다. 그것이 죄의 매듭을 풀어준다. 그러므로 사제에게는 죄인이 참회를 통해 사죄 받을 만한지를 알아보는 심리학적 능력이 요구된다.

그 열쇠들을 나는 베드로에게서 받았는데, 그분은 말씀하시길

사람들이 발밑에 엎드리기만 하면

잘못 열어줄망정 잠가두진 말라고 하셨다.(「연옥」, 9, 127~129)

법정에서도 애매한 경우에는 판사가 피의자에게 유리한 판결을 내린다.

15. 교만을 겸손으로 누르다

연옥 안으로 들어간 시인들은 바위 사이를 기어올라 연옥산 첫째 둘레길에 도착한다. 둘레길은 그 폭이 사람 몸길이의 세 배 정도 되는 환도(環道)이다. 그 둘레길에 면한 산허리에 교만과는 반대되는 겸손의 모범을 보여주는 일화들이 하얀 대리석에 새겨져 있다. 이는 스페인 예수회원 판토하(Pantoja) 신부가 1614년 중국 북경에서 펴낸 『칠극(七克)』[25]의 제1권 "교만은 겸손으로 누르다"를 시각적으로 보여준다.

"위대한 겸손"의 덕을 보여주는 첫 번째는 '주님 탄생 예고(Annunciazione)'이다. 「연옥」 편에서 성모 마리아는 항상 모든 미덕의 선두에 서 있다. 성모 마리아의 위대한 겸손은 대천사 가브리엘에 대한 그녀의 대답 안에 표현되어 있다.

25 판토하, 박유리 옮김, 『七克』, 일조각, 1998.

"이 몸은 주님의 종입니다. 지금 말씀대로 저에게 이루어지기를 바랍니다."(루가 1, 38) 이 겸손한 응답은 낙원 추방 이후 단절된 하느님과 인간 사이의 화해를 가져온다.(그림 16)

한편 단테는 교만의 죄인들이 바위를 등에 지고 있기에 허리를 구부린 채 우는 얼굴로 저편에서 다가오는 것을 보고 말한다.

> 오, 교만한 그리스도교인들이여, 불쌍하고 지친 자들이여,
> 정신의 눈이 병들었기에
> 뒤로 가는 발걸음에 믿음을 두는 무리여.
> 너희들은 모르는가, 우리는 본래
> 저 정의를 향하여 거침없이 날아가는
> 천사 같은 나비가 되기 위한 벌레로 태어났다는 것을.(「연옥」, 10, 121~126)

교만의 죄를 씻는 영혼들은 「주님의 기도」(마태오 6, 9~13)를 낭송한다. 제11곡 1행에서 21행까지 이어지는 이 확장된 「주님의 기도」는 일곱 개의 삼행시로 이루어지는데, 숫자상으로는 연옥의 일곱 둘레길, 칠죄종, 그리고 칠죄종에 반대되는 일곱 미덕에 대응한다.[26]

이 기도는 『신곡』에서 그 전부가 낭송되는 유일한 기도

그림 16 윌리엄 블레이크, 〈바위에 새겨진 수태고지를 감상하는 단테〉, 「연옥」 편 삽화, 1824~1827

26 교만은 겸손으로 누르고, 질투는 어짊과 사랑으로 가라앉히며, 탐욕은 베풂으로 풀고, 분노의 불은 인내로 끈다. 식탐은 절제로 막고, 음란은 정결로 차단하며, 게으름은 부지런함으로 채찍질한다.

P B
Canto 10

이다. 연옥에서는 이처럼 성가와 더불어 염경(念經) 기도가 영혼들을 격려한다.

둘레길 땅바닥 위에도 그림들이 새겨져 있다. 교만이 벌 받는 모습이다. 여섯 쌍의 사례가 성경과 신화에서 취해진다(「연옥」, 12, 25~63). 하느님에게 반역한 루치페로가 맨 처음에 나온다. 하늘에서 번갯불처럼 아래로 떨어지는 모습이다(루가 10, 18). 겸손의 모범으로 성모 마리아가 첫 번째로 나오는 것처럼, 언제나 악덕의 첫 번째 사례로 나오는 것은 루치페로이다.

단테가 그림들을 넋을 잃고 바라보는 사이, 시각은 부활 팔일 축제 내 월요일 정오를 지나고 있다. 연옥에서 베르길리우스가 강조하는 것 가운데 하나는 시간이다.

고개를 들어라. 더 이상
생각에 잠겨 가기에는 시간이 없다.(「연옥」, 12, 77~78)

오늘의 해가 결코 내일 다시 뜨지 않음을 기억하라.
나는 시간을 허비 말라는
그분의 경고를 잘 알고 있었기에
그 말씀의 의미가 내게는 분명했다.(「연옥」, 12, 84~87)

만일 시간이 죽은 이들에게 그렇게 소중하다면 살아 있

는 이들에게는 말할 것도 없다. 연옥 순례는 그러므로 살아 있는 사람들을 위해 "잘 보낸" 시간표를 제공한다. 희생과 성사(聖事)로 변모한 시간, 전례(典禮)의 시간은 축복으로 건너가는 다리가 된다. 특히 죽은 이들을 위한 기도가 중요하다. 그들의 보속 기간이 줄어들기 때문이다. 연옥 영혼들이 바라는 것은 단 하나, 그들이 뒤에 남기고 온 사랑하는 사람들의 기도 안에서 기억되는 것이다. 그러면 그들의 천국행은 빨라진다. 연옥 영혼들도 뒤에 남은 자들을 위해 기도한다. 그러나 그들은 뒤를 돌아보지 않고 앞만을 바라본다. 하늘나라에서 함께 다시 만날 것을 선취하는 것이다.

겸손의 천사가 저편에서 나타나 날개를 펴 단테를 부른다. 천사는 시인들이 둘째 둘레길로 오르는 계단을 가리킨다. 그러고는 자신의 날개로 겸손해진 단테의 이마에서 P 자 하나를 지워준다. 시인들이 그곳으로 몸을 돌리는 동안 「산상 설교」(마태오의 복음서 5~7장)에 나오는 여덟 가지 참 행복(眞福八端) 가운데 첫 번째인 "마음이 가난한 사람은 행복하다. 하늘나라가 그들의 것이다"(마태 5, 3)가 달콤한 노래로 들려온다. 성 아우구스티누스는 『주님의 산상 설교』(1, 1, 3)에서, 마음이 가난하다는 것은 우쭐대는 일 없이 겸손하며 하느님을 두려워하는 것이라고 말한다. 또 교만한 자는 지상의 나라를 얻으려고 애를 쓰지만, 마음이 가난한 자는 하늘나라가 그들의 것이기에 행복하다고 말한다. 진복팔단 하나하나는 순례자가 각 둘레길을 떠날 때마다 천사들에 의해 선언된다.

전과 비교하여 한결 몸이 가벼워진 것을 이상하게 여긴 단테가 사부에게 그 이유를 묻는다. 사부는 천사가 P 자 하나를 이마에서 지워주었기 때문이라고 말한다. 특히 교만은 칠죄종 가운데서도 가장 무거운 죄인데, 판토하 신부가 말한 것처럼, 질투는 남을 잃게 하고, 분노는 나를 잃게 하지만, 교만은 하느님을 잃게 하는 대죄이기 때문이다.

16. 연옥 산의 구조

넷째 둘레길로 향하는 계단 위로 올라왔을 때 해가 지고 일행은 앞으로 나아갈 수 없게 된다. 그 쉬는 시간을 이용하여 단테는 베르길리우스로부터 죄의 유형에 따른 연옥의 정죄(淨罪) 구조에 관한 설명을 듣는다. 이는 마치 「지옥」 편 제11곡에서 쉬는 틈을 타 지옥의 징벌 구조에 대한 설명을 듣는 것과 유사하다. 아우구스티누스가 『설교집』(96, 1)에서 "어떤 사랑을 하느냐에 따라 어떤 인간이냐가 정해진다"고 했듯이, 어떤 사랑을 했느냐에 따라 연옥의 구조도 정해진다.

자연 본성적 사랑은 언제나 오류가 없다.
하지만 선택적 사랑은 악한 대상을 통하여,
또는 활기의 넘침이나 모자람을 통하여 그르칠 수 있다.(「연옥」, 17, 94~96)

자연 본성적 사랑은 목적에 관한 것이고, 선택적 사랑은 목적 달성의 수단에 관한 것이다. 자유의지를 가진 천사나 인간의 선택적 사랑은 잘못될 수 있다. 잘못을 저지르는 선택적 사랑의 세 가지 형태가 연옥의 일곱 둘레길에서 정죄된다. 먼저 아래의 세 둘레길에서는 좋은 것이라 여겨진 악한 대상에 대한 사랑, 즉 교만, 질투, 분노가 극복된다. 이 사랑들은 이웃의 손해를 그 대상으로 삼는다. 토마스 아퀴나스가 『신학대전』에서 말하듯, 교만은 "자신의 우수성에 대한 무질서한 사랑이다". "교만은 타인을 격하시키면서 자신의 탁월성을 원한다." 질투는 "타인의 선에 대해서 슬퍼하는 것"이다. "질투는 이웃이 잘 되는 것이 슬픔이 될 때 죄가 된다. 왜냐하면 이는 이웃에 대한 사랑을 거스르기 때문이다." 분노는 "그것이 정당하지 못하거나 혹은 가치가 없는 어떤 보복을 위한 욕구에서 나오는 것이라면 악한 것이며, 따라서 악습이다".[27]

이 세 가지 사랑은 여기보다 아래에서
눈물을 흘리고 있다. 이제부터는 다른 사랑을 이해하여라.
그것들은 무질서하게 선(善)을 향해 달린다.(「연옥」, 17, 124~126)

27 '교만'은 II-II, 162, '질투'는 II-II ,36, '분노'는 II-II, 158 참조.

이제 논의는 선에 대해 넘치거나 모자라서 잘못을 저지르는 사랑으로 넘어간다. 즉 네 번째 둘레길에서는 선에 대해 활기차지 못한 사랑, 즉 게으름의 정죄가 행해진다. 그리고 그 위의 세 둘레길에서는 부차적 선(재화, 음식, 쾌락)에 대한 과도한 사랑, 즉 탐욕, 식탐, 색탐의 정죄가 행해진다. 그러므로 지옥의 징벌 구조가 세 부분이었듯이, 연옥의 정죄 구조도 세 부분으로 되어 있다.

일곱째 둘레길에서 해 질 무렵 천사가 나타나 사람보다 생생한 목소리로 시인들에게 불길 속 통과를 명령하며 노래로 격려한다. "마음이 깨끗한 사람은 행복하다. 그들은 하느님을 뵙게 될 것이다."(마태오 5, 8) 불길 속으로 들어가라는 말을 듣자 단테는 화형을 당하는 사람들의 모습을 떠올린다. 사부가 다시 격려한다. "내 아들아, 여기 고통은 있겠지만 죽음은 없단다."(「연옥」, 27, 20~21) 물질적으로 태우는 일 없이 영적으로만 태우는 초자연적인 힘은, 아담과 하와의 에덴동산 추방 후, 생명의 나무로 가는 길목을 지키는 케루빔의 불타는 칼과 연관되어 있다(창세기 3, 24). 단테는 머리카락 한 올도 잃지 않을 것이다(루가 21, 18; 사도행전 27, 34). 그럼에도 단테는 고집스럽게 꼼짝하지 않는다. 하는 수 없이 사부는 이 불의 장벽 너머에 베아트리체가 있다고 말한다. 그제야 단테는 불 속으로 들어간다.(그림 17) 이성이 아무리 설득해도 꿈쩍도 않던 것이 사랑의 한 마디에 움직여진

것이다. 랭스턴 휴스의 「불」이란 시의 한 구절이 생각난다. "불입니다./주여, 불입니다./불로써 내 영혼을 태우소서." 끓는 유리 속보다 더 뜨거운 듯한 불 속을 통과하자 "너희는 내 아버지의 복을 받은 사람들이니 와서 세상 창조 때부터 너희를 위하여 준비한 이 나라를 차지하여라"(마태오 25, 34)라는 소리가 눈부신 빛 속에서 들려왔다. 이제 연옥의 속죄는 끝났다.

단테는 발걸음이 날아갈 듯이 가벼워진 것을 보고 마지막 P 자가 이마에서 지워졌음을 안다. 맨 위 계단에 이르자 사부는 단테에게 인도자로서의 자신의 사명이 끝났음을 알린다. 그들은 인류의 고향인 지상낙원에 도착한 것이다.

> "아들아, 너는 일시적인 불과 영원한 불을 보았다.
> 이제는 내가 더 이상 알지 못하는 곳에 이르렀다.
> 나는 너를 내 지성과 기예로 여기까지 이끌었다.
> 이제부터는 네 기쁨을 인도자로 삼거라.(「연옥」, 27, 127~131)

> 네 의지는 자유롭고 곧바르고 건강하다.
> 거기에 따르지 않는 것이야말로 잘못이다.
> 그러기에 네 위에 왕관과 주교관을 씌우노라.(「연옥」, 27, 140~142)

그림 17 윌리엄 블레이크, 〈불길 속으로 들어가는 단테〉, 「연옥」 편 삽화, 1824~1827

「연옥」 편의 중심 주제인 자유는 마침내 마지막 부분에서 중심 초점 안으로 들어온다. 처음부터 자유를 찾아 나선 단테는(「연옥」, 1, 71) 이제 그 자유를 얻은 것이다. 단테의 의지는 자유롭고 곧바르고 다시 온전해졌다. 원죄 이전의 상태로 돌아온 것이다.

17. 마텔다는 누구인가?

단테는 자신의 기쁨을 안내자로 삼아 열의에 넘쳐 앞으로 나아간다. 사부를 돌아보는 일도 없이 처음으로 혼자 전진하는 것이다. “사방으로 향기를 내뿜는 흙을 밟으며” “인류의 첫 보금자리로 선택된” 에덴동산의 “신선하고 우거진 성스러운 숲속”으로 들어간다(「연옥」, 28, 1~6). 이 묘사를 위해 단테는 실제의 장소, 즉 산타폴리나레 인 클라세 성당이 있는 라벤나 근교 아름다운 “키아시 해변의 유명한 소나무숲”을 떠올린다.

맑게 흐르는 물 건너편에서 마치 양치기 소녀(pastorella)처럼 꽃을 따면서 한 여인이 노래하며 다가온다. 말을 걸자 여인은 상냥하게 미소 지으며, 단테의 의문을 풀어준다. 그녀의 이름은 마텔다(Matelda)이다(33, 119). 그녀는 독자들에게 단테가 앞서 꿈에서 본 레아를 떠올리게 한다(27,

100~108). 그러나 여기서는 들에서 꽃을 따다가 저승 세계의 왕 플루토에게 납치된 페르세포네를 상기시킨다. 페르세포네는 겨울에는 저승에 붙잡혀 있다가 봄에만 어머니인 대지의 여신 데메테르에게 돌아올 수 있었다. 그러한 관점에서 마텔다는 '처음 오는 자(prima-verrà)', 즉 '봄'을 나타낸다. 이는 우의적으로는 인류의 재생을 의미한다.(그림 18)

단테와 마텔다의 만남 장면에는 귀도 카발칸티(Guido Cavalcanti, c.1255~1300)의 시 「어떤 숲에서 나는 양치기 소녀를 만났네」에서의 인용이 많다. 또 단테는 『새로운 인생』(제24장)에서, "귀도 카발칸티가 사랑한 조반나는 사람들이 '봄(primavera)'이라고 불렀으며, 베아트리체가 그 뒤를 따라오고 있었다"고 말한다(조반나라는 이름은 그리스도 예수보다 앞서 온 세례자 요한의 이름에서 유래한다). 그러므로 단테가 자신이 속했던 청신체(Dolce stil novo)파의 제1인자 귀도 카발칸티의 시와 결별하고 있는 것이 아닌가 하는 설도 나왔다.

마텔다가 미소 지으며 기뻐하는 모습을 보고 시인들은 놀라지만, 마텔다는 "주님, 당신께서 하신 일로 저를 기쁘게 하셨으니, 당신 손의 업적에 제가 환호합니다"라는 「시편」(92, 5)의 빛이 그 의혹의 안개를 걷어줄 것이라고 말한다. 아벨라르두스(Pierre Abélard, 1079~1142)는 『6일 창조 해설』에서, 이 「시편」 구절은 에덴동산에서의 인간의 원초적 상태에 관한 일이라고 말한다. 즉 인간을 위해 창조된 우주와 모든

그림 18 존 플랙스먼 & 베나미노 델 베키오, 〈마텔다〉, 「연옥」 편 삽화, 1826

Matilda

피조물 안에서 인간이 체험하는 기쁨을 말한다. 아벨라르두스는 특히 우리 눈이 만나는 자연의 아름다움과 새들의 노래와 꽃들의 향기를 언급한다. 그러므로 노래는 창조주의 사랑을 찬미한다. 즉 마텔다가 체험하는 기쁨은 사랑의 기쁨이며, 그녀의 노래는 만물을 지어내신 주님을 찬미하는 사랑의 노래이다.

자기를 꽃으로 장식하고 춤을 추는 마텔다는 앞서 나온 레아처럼 영혼의 활동적인 삶에 의해 도달할 수 있는 지복(至福)의 상태를 상징한다.

옛날에 황금시대와 그 행복한 상태를
시로 노래하였던 사람들은 아마도
파르나소스에서 이곳을 꿈꾸었으리.(「연옥」, 28, 139~141)

이는 베르길리우스가 모범적으로 「목가(牧歌)」와 「농경시(農耕詩)」를 쓸 때 시적 꿈의 형태 안에서 무의식적으로 도달한 지상낙원이었다.

하느님께서는 인간을 올곧게 만드셨다(전도서 7, 29). 인간은 본래 올곧음(rectitude) 혹은 올바름(justice) 안에 있었다. 이곳 지상낙원의 평화는 천국의 영원한 평화의 선취(先取)이자 징표이다. 그런데 인간은 원죄 탓으로 불과 여섯 시간만 에덴동산에 머물 수 있었다(「천국」, 26, 139~142). 마텔다가 보여주고 있는 순수한 웃음과 즐거운 놀이가 눈물과 괴로움으로 바뀐 것이다.

마텔다는 지상낙원에 불어오는 산들바람과 그곳에 흐르는 악을 잊게 하는 레테강과 선을 상기시키는 에우노에강에 관하여 설명한다.

이쪽에서 힘을 가지고 흘러내리는 물은
사람에게 죄의 기억을 없애주고;
다른 쪽에서의 물은 온갖 선행의 기억을 되살려 준답니다.
그러기에 이쪽은 레테, 다른 쪽은

에우노에라 불리며, 양쪽의 물을 다 맛볼 때까지는
어느 쪽도 효력이 없습니다.(「연옥」, 28, 127~132)

레테(Letè)는 그리스어로 '망각(lēthē)'이란 뜻이다. 에우노에(Eunoè) 역시 그리스어 '선을 상기함(eu-nous)'에서 온 말로, "그리스 사람들이 프로토노에(proto-noe)라고 불렀던 최초의 마음"을 모델로 하여 단테가 만든 말이다.[28]

우리가 영원히 살 것이라 함은 생명 자체이신 하느님께서 결코 우리를 잊지 않으시리라는 약속에 근거하고 있다. 레테강과 에우노에강에 관하여 우리가 생각해 볼 점은 언젠가 우리가 하느님 대전에 서게 될 때 과연 우리 안에 하느님께서 기쁘게 기억해 주실 만한 것이 남아 있을까 하는 점이다. 하느님은 기쁨 자체이시기에 그분께서는 우리에 대한 슬픈 기억을 이미 잊으셨을 것이다. 문제는 그분의 기억 속에 우리의 지난 삶의 어느 부분이 기쁨으로 남아 있을까 하는 점이다.

---

28 Dante Alighieri, *Convivio*, Ⅱ, 3, 11. 김운찬 옮김, 『향연』, 나남, 2010, 81쪽.

18. 신비로운 행렬

마텔다와 단테는 강의 양 기슭 위쪽으로 나란히 걸어간다. 두 사람의 걸음이 합하여 100보가 되었을 때, 번개 같은 빛이 숲 가운데로 퍼진다. 음악 소리가 들리고, 일곱 그루의 황금 나무처럼 보이는 것이 다가온다. 그 목소리들은 예루살렘에 입성하는 예수님을 환영하는 군중의 환호인 "호산나(우리에게 구원을!)"(마태오 21, 9)를 노래하고 있었고, 나무들은 사실 일곱 개의 촛대였다. 그 촛대들 위에는 불꽃이 달보다 훨씬 더 밝게 빛나고 있었다. 촛대들은 「요한의 묵시록」(1, 4. 12)의 예언적 환시를 암시한다. 촛대들은 하느님의 일곱 영이다(4, 5). "지혜와 슬기의 영, 경륜과 용맹의 영, 지식의 영과 주님을 경외함이다."(이사야 11, 2) 단테가 경탄으로 가득 차 사부를 향해 돌아서자 그 역시 너무 놀라 멍한 눈으로 단테를 바라본다.

단테는 신비로운 행렬(mystica processione)을 본다. 먼저 구약성경을 상징하는 스물네 명의 장로가 새하얀 옷을 입고 임신한 마리아를 찬미하며 둘씩 짝을 지어 걸어오고 있었다. 그들은 오시기로 되어 있는 구세주에 대한 신앙을 나타내는 백합꽃 화관을 쓰고 있다(요한묵시록 4, 4).(그림 19)

> 모두가 노래하였다. "아담의 딸 가운데서
> 축복받으신 분. 당신의 아름다움은
> 영원히 축복받으리다!(「연옥」, 29, 85~87)

여기서는 가브리엘 대천사가 마리아에게 드린 인사가 메아리친다(루가 1, 28). 단테는 "여인들 가운데서"(루가 1, 42)를 "아담의 딸 가운데서"로 바꾸었다. 지금 여기는 에덴동산이기 때문이다. 아우구스티누스는 『신국론』(14, 26)에서 에덴동산의 즐거움은 천국의 영원한 행복을 미리 맛보는 것이었다고 말한다.

"인간은 낙원에서 자기가 원하는 대로 살고 있었다. (…) 누구도 늙지 않게 생명의 나무가 있었다. 육신에는 최고의 건강, 마음에는 최고의 평안이 있었다. (…) 참다운 즐거움이 하느님으로부터 와서 영속하고 있었다. 그야말로 깨끗한 마음과 고운 양심과 거짓 없는 믿음에서 우러난 애덕으로 하느님을 향해 불타고 있었다."

S. lucas euāgelistas
S. Paulus apl's

그 뒤로는 신약성경의 네 복음서를 상징하는 네 마리의 짐승이 초록 잎사귀를 머리에 두르고 뒤따랐다. 스물네 장로가 신앙의 색깔인 하얀 관을 쓰고 있다면, 네 마리의 짐승들은 희망의 색깔인 초록색 관을 쓰고 있다. "우리의 희망이신 그리스도"(1디모테오 1, 1)와 연결되어 있는 것이다. 각 짐승마다 세라핌처럼 여섯 개의 날개가 돋아 있고, 날개마다 눈들이 가득했다(요한묵시록 4, 6~8). 네 짐승들은 복음사가들을 가리킨다. 즉 사람의 모습은 마태오, 사자는 마르코, 소는 루카, 독수리는 요한의 상징적 부속물이다.

그 네 마리 짐승들 사이 한가운데에 바퀴가 둘 달린 승리의 수레가 그리프스의 목에 매달려 끌려오고 있었다. 수레는 개선 교회를 가리키며, 두 바퀴는 성 프란치스코와 성 도미니코 혹은 성직자와 신도라고 해석할 수 있다. 세비야의 이시도로(Isidorus de Sevilla, 560~636)의 『어원록』(12, 2, 17)에 따르면, 그리프스는 그리스도 예수를 나타내는데, 황금 독수리의 날개와 머리 부분은 신성을(아가 5, 11), 붉은색이 뒤섞인 하얀색 사자는 인성을 가리킨다(아가 5, 10). 그리프스의 양쪽 날개는 삼위일체의 상징인 세 줄기 띠 사이로 펼쳐져 있는데 한가운데 띠와 합치면 인성을 뜻하는 '4'가 된다. 날개가 보이지 않을 정도로 높게 치솟았다고 하는 것은 부활하신 그리스도의 상징이다.

이윽고 행렬이 멈춰 선다. 오른쪽 바퀴 옆으로는 세 여

그림 19 〈신비로운 행렬〉, 이탈리아 사본, 14세기 후반

인, 즉 향주(向主) 삼덕 신망애가 춤추고 있다. 믿음은 흰색, 희망은 파란색, 사랑은 빨간색이다. 사랑은 으뜸가는 덕으로 리더가 된다(1고린토 13, 13). 토마스 아퀴나스는 말한다.

"애덕은 모든 덕 중에서 가장 탁월하다. 왜냐하면 신앙과 희망은 하느님으로부터 우리에게 전달되는 그 무엇을 통해서 하느님과 관련을 갖지만, 애덕은 그 자체로서 하느님과 관련되기 때문이다."(『신학대전』 Ⅱ-Ⅱ, 23, 6)

왼쪽 바퀴 옆에는 자줏빛 옷을 입은 네 여인, 즉 사추덕(四樞德)인 현명, 정의, 용기, 절제가 춤을 춘다. 토마스 아퀴나스는 이교도의 윤리덕과 그리스도교의 윤리덕을 다음과 같이 구분한다.

"획득된(acquired) 윤리덕들은 사랑 없이도 있을 수 있다. 그러나 그 경우 절대적으로 완전할 수는 없다. 왜냐하면 그렇게 되면 자연적 질서권 내에 폐쇄되는 것이기 때문이다. 그 대신 초자연적 질서에 관한 주입된(infused) 덕은 사랑 없이는 있을 수 없다."(『신학대전』 Ⅰ-Ⅱ, 65, 2)

모든 행렬 뒤에는 두 노인, 즉 의사인 복음사가 루가가 쓴 「사도행전」과 말씀의 칼(히브리서 4, 12; 에페소 6, 17)을 들고 있는 성 바오로의 서간들이 보인다. 칼은 또한 성 바오로의 순교를 상징하기도 한다. 뒤이어 소박한 차림의 네 노인(야고보, 베드로, 요한, 유다의 편지들)과 마지막으로 예리한 얼굴로 자면서 걷는 한 노인(요한묵시록 1, 10)이 그 뒤를 따른다.

이 일곱 명의 노인은 장미와 다른 빨간 꽃들을 두르고 있다. 그러므로 시간적인 순서로 보면, 구약성경(신앙)은 그리스도를 앞서고, 복음서들(희망)은 그리스도의 옆에 서 있으며, 서간들(사랑)은 그리스도의 뒤를 따른다.

19. 베아트리체와의 재회

단테가 베아트리체와 재회하는 「연옥」 편 제30곡은 『신곡』 처음부터 세어보면 63곡째이고, 그 뒤로 36곡이 남는다. 여기서도 삼위일체를 뜻하는 3이라는 숫자와 깊은 관련이 있음을 알 수 있다. 일곱 촛대가 이끄는 신비로운 행렬은, 천지창조부터 최후의 심판까지 인류의 역사를 기록한 성경을 상징한다. 행진의 목적은 지상에 하느님의 말씀을 전달하는 것이다. 그런데 여기서 신비로운 행렬이 축하하는 것은 그리스도로서의 베아트리체의 재림이다. 단테가 『새로운 인생』의 연인을 하느님의 아들과 동일시한다는 것은 놀라운 일이다. 이러한 동일시는 「천국」 편에서도 나온다.

베(Be)와 이체(ice) 소리만으로도
나를 온통 사로잡는 존경심은 마치

꾸벅꾸벅 조는 사람처럼 고개를 숙이게 했다.(「천국」, 7, 13~15)

'베(Be)'는 'Beato(복된)'를, '이체(ice)'는 'Iesus Christus(예수 그리스도)'를 의미한다. 슈나프(Jeffrey T. Schnapp)는 「연옥 편 입문」에서 다음과 같이 말한다. "그리스도인이 된다는 것은 그리스도가 되는 것이다. 하지만 그러한 변모가 개인성, 역사성, 성별을 없애는 것은 아니다. 우리는 하나의 그리스도-타입(a Christ-type)이 되는 것이며, 그의 대역이 되는 것이다. 우리는 그리스도가, 그리고 동시에 그 누군가가 되는 것이다. (…) 단테의 베아트리체는 그러한 존재이다. 13세기에 그녀가 피렌체의 거리를 거닐고 있을 때, 단테만이 그녀가 지닌 표징의 깊은 의미를, 그리스도와의 예형론적 연결을 읽을 수 있었다. 그 표징은 그녀의 지상적 실존에 동반한 신비수(神祕數) 9였다. 그녀는 연옥 산 정상에서 비로소 그리스도-발생(Christ-event)으로서 드러났다. 다음 세 라틴어 구절이 그리스도로서의 베아트리체의 재림을 나타낸다."[29]

(1) 구약성경 스물네 명의 장로 가운데 솔로몬서를 대표하는 한 사람이 "신부여, 레바논에서 이리로 오너라(Veni,

29 Schnapp, J. T., 「Introduction to Purgatorio」 in *The Cambridge Companion to Dante*, ed. by R. Jacoff, Cambridge UP, 2005, p.203.

sponsa, de Libano)"(아가 4, 8)를 노래하며(「연옥」, 30, 11) 세 번 외치자 나머지 모두도 따라 하였다. 여기서 신부는 교회가 아니다. 교회는 수레로 이미 행렬 안에 있다. 「아가」의 신부는 하느님의 지혜를 가리킨다. 하느님의 지혜는 사실 베아트리체가 가진 이름 가운데 하나이다.

(2) 이에 호응하여 "성스러운 수레 위로 백 명도 넘는 영원한 생명의 심부름꾼과 전령들이 일어나", 즉 천사들의 무리가 일제히 "오는 그대여 복되어라(Benedictus qui venis)"(「연옥」, 30, 19)라고 말하면서 위쪽과 주위로 꽃들을 던졌다. 100이라는 숫자는 많다는 뜻이다. "그분을 시중드는 이가 백만이요, 그분을 모시고 선 이가 억만이었다."(다니엘 7, 10) 천사들이 심판하러 오는 베아트리체의 도래를 알리듯이, 그리스도도 그분의 능력 있는 천사들과 함께 오실 것이다(2데살로니카 1, 7). 남성형으로 되어 있는 천사들의 환영사는 주목할 만하다. "주님의 이름으로 오는 이는 복되어라(Benedictus qui venit)." 이 구절은 본래 「시편」(118, 26)에서 온 것이다. 오시는 분은 그리스도인가? 아니다. 그리스도는 이미 그리프스의 형상으로 와 있다. 그러면 베아트리체인가? 그렇다면 왜 여성형(Benedicta quae venis)이 아닌가? 우리가 주목할 점은 베아트리체가 마치 그리스도인 것처럼, '복되다'라는 단어가 남성형이라는 점이다. 마치 그리스도가 예루살렘에 입성

하는 것처럼 늠름한 여왕의 풍채를 갖춘 베아트리체가 강림하는 것이다.

(3) "오, 한 움큼 가득히 백합들을 던져라(Manibus, oh, date lilïa)."(「연옥」, 30, 21) "이는 베르길리우스의 『아이네이스』(6, 883)에서 가장 슬픈 순간에 발해진 말이다. 로마를 건국하기 위해서 지불해야 할 비극적인 대가인 젊은 마르첼루스는 가장 용감하고, 가장 선하고, 가장 명예로운 기대주였다. 베르길리우스는 그의 이른 죽음을 역사가 인류에게 부과한 잔인한 희생의 상징으로 만든다. 그런데 단테는 여기서 독자를 십자가 책형의 전망으로 이끈다. 골고타에서 그리스도의 희생이 아이러니를 알레고리로 바꾸고, 고전 비극을 그리스도교의 희극으로 바꾸고, 베르길리우스의 절망을 단테의 희망으로 바꾼다. 베아트리체는 죽은 자로부터 마르첼루스의 장례식의 꽃으로 돌아온다. 그것은 무의미한 손실이 아니라 죽은 이의 영원한 부활이다. 베르길리우스에게 역사는 종종 악몽과 같았으나 단테에게 역사는 이제 즐거운 개선 행렬이다."[30]

이 라틴어 표현은 이제 곧 떠날 사부에 대한 단테의 존경

---

30 Schnapp, J. T., 앞의 글, p.204.

그림 20 가브리엘 로세티, 〈베아트리체와의 재회〉, 1859, 캐나다 국립미술관

Hortus Eden
Hortus Eden
Guardami ben: ben son, ben son Beatrice.

을 드러낸다. 그리고 그렇게 꽃들이 구름처럼 주위 한곳에 뿌려졌을 때 베아트리체가 도래한다.(그림 20)

> 새하얀 면사포 위에 올리브 관을 쓴
> 귀부인이 내 앞에 나타났다. 초록색 외투 아래
> 선명한 불꽃색의 옷을 입고 있었다.(「연옥」, 30, 31~33)

하얀 베일은 신앙의 색이다. 초록색 망토와 관은 희망의 색이다. 그리고 망토 아래의 붉은 옷은 사랑의 색이다. 그녀는 행렬의 중심에, 승리의 수레 위에 있다. 올리브는 지혜의 여신인 미네르바의 나무이다. 그리고 지혜는 신학의 왕관이다. 게다가 올리브 잎은 평화의 상징이다.

20. 레테강에서의 죽음

"떨리지 않고 제게 남아 있는 피는
한 방울도 없습니다. 옛 불꽃의 표징들을 나는 압니다."
나는 베르길리우스께 말하려 하였는데,
하지만 베르길리우스는 우리들을 남겨두고
떠나가셨다. 지극히 인자하신 아버지 베르길리우스,
내 구원을 위해 나를 맡겼던 베르길리우스여.(「연옥」, 30, 46~51)

아이네아스를 그리워하며 디도가 하는 말을 단테는 베르길리우스의 『아이네이스』(4, 23)에서 인용함으로써 물러가는 사부에 대한 작별 인사를 대신한다. 특히 49~51행에서 사부의 이름이 세 번 반복됨으로써 46행, 55행과 함께 1+3+1을 구성한다. 이 세 행 안에서의 베르길리우스에 대한 삼위일체적 작별은, 사부가 「농경시」에서 묘사한, 저승으로 다시 돌아가 버린 유리디체를 세 번 애타게 부르는 오르페우스의 메아리이기도 하다.

> 단테여, 베르길리우스가 떠났다고
> 눈물을 흘려서는 안 되오. 아직은 울어서는 안 되오.
> 이와는 다른 칼로 울어야만 할 테니까.(「연옥」, 30, 55~57)

베아트리체의 말은 칼에 비교된다. 간접적으로 천사들에게 향하던 그녀의 칼끝은 이제 직접 단테에게 향한다(「연옥」, 31, 2~3). 이것이 『신곡』 전체에서 단테의 이름이 단 한 번 "어쩔 수 없이 호명된" 이유다. 베아트리체는 아들을 꾸짖는 어머니의 엄격함으로, 정도(正道)를 벗어난 과거 10년간의 단테의 행실을 질책한다. 그러자 곧바로 천사들이 "주님, 당신께 희망을 두었으니"(시편 31, 2)를 노래하며 중재에 나선다. 단테는 시편의 노랫소리를 들으며 터져 나오는 참회의 눈물을 흘린다.

> 내 마음 주위에 굳게 얼어 있던 얼음은
> 한숨과 눈물이 되었고, 고통과 함께
> 가슴으로부터 입과 눈으로 터져 나왔다.(「연옥」, 30, 97~99)

이는 아우구스티누스의 회심 때, 그의 안에서 터져 나왔던 눈물의 소나기를 연상시킨다.[31]

단테는 베아트리체가 죽은 후 "옳지 않은 길로 걸음을 옮겼고, 어떤 약속도 채워주지 못하는, 그릇된 선의 모습을 뒤쫓았다"(「연옥」, 30, 130~132). 여기서 단테는 낙원에서 추방된 인류를 대표한다. 베아트리체는 말한다.

> 그는 너무나도 타락하여, 마침내 어떠한 수단도
> 그의 구원에는 미치지 못하게 되었지요,
> 멸망한 백성을 그에게 보여주는 것 외에는.(「연옥」, 30, 136~138)

단테의 마음의 통회는 "튼튼한 참나무가 뿌리 뽑히는 것보다 더 힘들었다"(「연옥」, 31, 71~72). 결국 단테는 "죄의식이 가슴을 짓눌러 정신을 잃고 쓰러진다"(「연옥」, 31, 85~89).

단테가 의식을 되찾자, 마텔다는 단테를 목까지 강물 속에 잠기게 한 다음, 축복받은 기슭으로 데려간다. 기슭에서는 "히솝의 채로 내게 뿌려주소서. 나는 곧 깨끗하여지리이다. 나를 씻어주소서. 눈보다 더 희어지리다"(시편 51, 9)라는 아주 달콤한 노래가 들려왔다. 마텔다는 팔로 단테의 머리

31 아우구스티누스, 『고백록』, 제8권 12장.

를 껴안고 물속에 넣는다. 단테는 레테 강물을 마시면서 악에 물든 슬픈 기억들을 모두 지운다.(그림 21) 마텔다는 깨끗해진 단테를 꺼내 춤추는 네 여인들 가운데로 데려간다. 그녀들은 모두 단테를 팔로 감싸준다. 이는 단테에게 사랑으로 주입된 사추덕의 관을 씌워주는 것이다. 그녀들은 베아트리체의 시녀들로 단테를 하느님의 지혜인 베아트리체의 눈앞으로 안내한다. 그런데 베아트리체의 눈은 그리스도인 그리프스를 응시하고 있었다. 그리고 그녀의 눈동자 안에서는 그리프스가 신성을 상징하는 독수리와 인성을 상징하는 사자의 모습으로 끊임없이 변하고 있었다. 베아트리체는 이제 계시로서의 그녀를 실연(實演)하고 있다. 하느님의 지혜인 그녀는 거울이 되어(지혜서 7, 26) 그리스도교 신앙의 가장 깊은 신비의 하나를 보여준다. 즉 그리스도는 '참 하느님이시며 참 사람'이라는 것이다. 그리스도는 한 위격(persona) 안에 두 본성(natura)을 가지신 분이다. "우리가 지금은 거울에 비친 모습처럼 어렴풋이 보지만, 그때에는 얼굴과 얼굴을 마주 볼 것입니다."(1고린토 13, 12) 이 신비는 「천국」 편 끝(33, 127~145)에서 최종적으로 응시된다. 그때 향주 삼덕을 나타내는 다른 세 여인이 천사의 노래에 맞추어 춤추면서 앞으로 나아온다.

그들의 노래는 이러하였다. "거룩한 눈길을 돌려요, 베아

그림 21 존 플랙스먼, 〈단테를 침수하는 마텔다〉, 1793

트리체,

그대의 충실한 자에게 거룩한 눈길을 돌려요.

그는 그대를 보기 위해 먼 길을 걸어왔어요.

부탁하오니 우리의 소원을 들어주세요.

그를 위해 입에서 베일을 벗어주세요.

그대가 감추고 있는 둘째 아름다움을 알아보도록."(「연옥」, 31, 133~138)

21. 베아트리체의 당부

베아트리체가 1290년에 죽은 뒤 단테는 10년 만에 그녀의 성스러운 미소를 본다. 베아트리체의 눈동자와 미소는 하느님의 진리의 현현이다. 단테는 너무나 눈부신 그 모습만을 쳐다보다 눈앞이 안 보이게 되지만 곧 시력을 회복한다. 그때 신비로운 행렬은 방향을 바꿔 태양을 향하여 다시 움직이기 시작한다. 이는 하느님의 말씀이 인류에게 주어지고 하느님과 인간 사이에 평화가 찾아와, 역사가 하느님 나라의 도래를 향하여 움직이기 시작한 것을 나타낸다.

즉 계시의 시작부터 성경의 마침에 이르기까지 교회의 성장과 설립의 역사를 암시하는 것이다. 그 중심에 그리스도-오심(the Christ-event)이 있다. 단테가 교회를 '군대'라고 부르는 것은 지상의 교회를 우리가 신전(神戰) 교회라고 부

르기 때문이다.[32]

행렬의 무리가 그리스도를 따라 위로 올라가고 있지만, 베아트리체는 홀로 청빈을 뜻하는 맨땅 위에 앉아 수레(=교회)를 지키고 있다. 베아트리체는 단테에게 명한다.

그러니 악하게 살아가는 세상에 도움이 되도록
이제 저 수레를 보시오. 그리고 그대가 목격한 것을
세상에 돌아가거든 글로 쓰도록 하시오.(「연옥」, 32, 103~105)

「요한의 묵시록」의 저자는 그리스도로부터 "네가 보는 것을 책에 기록하여 일곱 교회에 보내라"(요한묵시록 1, 11)는 명을 받았다. 단테도 일곱 가지 일화를 기록한다.

① (「연옥」, 32, 112~117) 황제 네로로부터 시작된 열 차례에 걸친 그리스도 교회에 대한 박해. 독수리는 로마제국을 상징하는데, 수레가 상징하는 초기 교회는 로마제국에 의해 커다란 박해를 받았다. 그러나 역사가 증명하듯이, 교회는

---

32 현세에서 악과 싸우는 신자들을 신전지회(神戰之會, Militant Church), 연옥에서 보속 중인 영혼들을 단련지회(鍛鍊之會, Suffering Church), 천국의 성인들을 개선지회(凱旋之會, Triumphant Church)라고 부른다.

흔들릴지는 몰라도 침몰하지는 않는다(fluctuat nec merigitur).

② (32, 118~123) 그노시스주의를 위시한 초기의 이단들. 여우는 거짓 예언자들의 상징이다(에제키엘 13, 4). 그리고 이단은 신적인 지혜에 의해 쫓겨난다.

③ (32, 124~129) 황제 콘스탄티누스의 기증에 의한 세속 재산의 취득. 그것은 비록 좋은 의도에서 나온 것이지만 결과적으로는 교회의 타락을 부추겼다. 그러므로 하늘에서 사도 베드로는 "오, 내 쪽배여, 나쁜 짐을 실었구나!" 하며 탄식한다.

④ (32, 130~135) 사탄에 의한 교회 내부의 분열. 특히 7세기에 일어난 이슬람교는 일종의 이단으로 중세에는 교회 내부의 분열이라고 보았다.

⑤ (32, 136~141) 피피누스(Pépin, 재위 751~768)와 카롤루스 마그누스(Charlemagne, 재위 768~814)의 기증에 의한 교회의 재물 확충. 이는 교황의 과도한 탐욕에 기인한다.

⑥ (32, 142~147) 교회 외부 형태의 추악한 일그러짐(요한 묵시록 12, 3). 일곱 개의 머리는 칠죄종을 상징한다. 특히 교

만, 질투, 분노는 두 개의 뿔을 가지고 있다. 자신에 대해 짓는 죄가 아니라 하느님과 이웃에 대해 죄를 짓고 있기 때문이다.

⑦ (32, 148~160) 교황 클레멘스 5세(Clemens V, 재위 1305~1314)에 의한 교황청의 아비뇽 천도(遷都). 독수리 날개로 덮인 수레는 이윽고 뿔 달린 머리가 일곱 개 있는 괴물로 변하고, 그 위에는 단정치 못한 창녀가 올라타 있다.

높은 산꼭대기의 요새처럼,
허리띠를 푼 창녀가 괴수 위에 홀로 앉아
음탕한 눈길로 주위를 둘러보았다.
그리고 마치 그녀를 빼앗기지 않으려는 듯이
그 옆에는 거인 하나가 우뚝 서 있는 것을 나는 보았다.
두 사람은 몇 번이고 서로 입맞춤을 하였다.(「연옥」, 32, 148~153)(그림 22)

이 부분은 「요한의 묵시록」 주해를 남긴 시토회 수도원장 피오레의 요아킴(Joachim of Fiore, 1135~1202)의 영향을 받아 쓴 것이다. 「요한의 묵시록」에서 괴물은 반(反)그리스도를, 일곱 개의 머리는 로마의 일곱 언덕을, 창녀는 제정 로마를 가리켰다. 단테는 창녀를 부패한 교황청으로 보았다.

P-g Canto 32

거인이 창녀를 채찍질하였다는 것은, 프랑스 미남 왕 필리프 4세(Philippe Ⅳ, 재위 1285~1314)가 교황 보니파시오 8세(Bonifacius Ⅷ, 재위 1294~1303)를 아나니에서 습격한 사건을 가리키며(「연옥」, 20, 85~87), 그 창녀를 숲에 숨겼다는 것은 교황청의 아비뇽 천도를 가리킨다. 요아킴과 단테의 다른 점은, 요아킴이 이상적인 교황의 신권(神權) 정치를 기대한 반면, 단테는 부패한 교황청을 바로잡을 신성로마제국의 황제를 기대했다는 점이다. 그러나 1313년 황제 하인리히 7세가 병으로 급사함으로써 단테의 기대는 한순간에 무너졌다. 단테의 무기는 이제부터 칼이 아니라 펜이 될 것이다.

그림 22 윌리엄 블레이크, 〈창녀와 거인〉, 「연옥」 편 삽화, 1824~1827

22. 에우노에강에서의 부활

"하느님, 이방인들이 당신의 땅을 침입하여 당신의 성전을 더럽히고 예루살렘을 폐허로 만들었습니다."(시편 79, 1) 향주 삼덕과 사추덕의 여인들이 교회의 타락한 현실을 보고는 눈물을 흘리며 교대로 성가를 부른다. 베아트리체는 십자가 아래의 성모 마리아처럼 비통한 표정으로 교회의 황폐를 슬퍼한다. 그러고는 교황청의 아비뇽 천도와 그 이후 로마로의 귀환을 예언한다. "조금 있으면 너희는 나를 보지 못하게 될 것이다. 그러나 얼마 안 가서 나를 다시 보게 될 것이다."(요한 16, 16) "열 걸음 정도 옮겼다"(「연옥」, 33, 17)는 것은 9년 이상의 세월이 지났다는 것을 암시한다. 즉 1305년 프랑스 왕 필리프 4세의 사주를 받은 교황 클레멘스 5세가 교황청을 아비뇽으로 옮긴 해와 1314년 그 두 사람이 모두 죽은 해 사이를 말한다. 그러기에 베아트리체는 "뱀이 부서뜨린 그릇은 전에 있었다가 지금은 없다"(「연옥」, 33, 34~35)고 말한다. 이는 성경에서 "네가 본 그 짐승은 전에는 있었으나 지금은 없다"(요한묵시록 17, 8)고 한 바대로이다. 이제 물질적인 교회는 타락함으로써 존재하지 않게 되었고 시야 밖으로 끌려갔다(「연옥」, 32, 157~160).

때가 오면 하느님께서 보내신 오백, 열 그리고 다섯이
저 도둑년을 죽일 것이오.
그년과 더불어 죄를 지은 저 거인도 함께.(「연옥」, 33, 43~45)

베아트리체는 하느님의 대행자인 '515'가 파견되어 타락한 교회와 프랑스 왕을 벨 것이라고 말하며, 이를 예언으로 현세에 전하라고 단테에게 명령한다.

그대는 내가 말한 대로 기억에다 쓰시오.
그리고 죽음을 향한 달리기에 불과한 삶을
살아가는 산 사람들에게 전하시오.(「연옥」, 33, 52~54)

'사냥개'(「지옥」, 1, 102)와 동일시되는 '515'(DXV)는 철자 바꾸기 놀이(anagram)에 의하면 DUX(지도자, 우두머리)를 의미한다. 만일 1312년경이라면 황제 하인리히 7세를, 1316년 이후라면 1311~1329년에 베로나를 다스린 영주이자 황제 대행인 칸그란데 델라 스칼라를 가리킬지 모른다. 이는 곧 세상을 바로잡을 인물의 출현을 가리킨다. 여하간 단테는 마지막까지 대변혁을 기대하고 있었다. 그가 교회와 이탈리아 정치를 재생시킬 제국의 부활을 꿈꾸었던 것만큼은 분명하다. 베아트리체는 또다시 단테에게 자기의 말을 잘 기억해 두었다가 세상에 돌아가면 전하라고 말한다.

> 다시 한번 바라니, 글이 아니라면 적어도 그림으로라도
> 그것을 지니고 돌아가길 바라오.
> 순례자가 지팡이에 종려 잎을 말아 가져가듯이.(「연옥」, 33, 76~78)

일행은 어떤 샘에 도착한다. 그 샘으로부터는 악을 잊게 하는 힘을 지닌 레테강과 선을 상기시키는 힘을 지닌 에우노에강의 강물이 흘러나온다.(그림 23) 마텔다는 베아트리체의 부탁을 받고 단테가 에우노에 강물을 마시도록 데려간다.

> 하지만 저곳에서 흘러나오는 에우노에를 보아요.
> 그리고 그대가 늘 하던 대로 그를 그곳으로 데려가
> 마비된 그의 능력을 되살려 주세요.(「연옥」, 33, 127~129)

그림 23 〈레테와 에우노에의 샘〉, 이탈리아 사본, 14세기 후반

come fa chi da colpa si dislega
La bella dona questo 7 altre cose
dette li son p me e son sicuro
che laqua di lete no gliele nascose
E beatrice forse maggior cura
che spesse uolte la memoria priua
fatta la mente sua negliocchi scura
Ma uedi Eunoe che la diriua
menalo adesso e come tu se usa
la tramortita sua uertu rauiua

단테는 그 물결 이랑에서 새로운 잎사귀를 단 어린나무처럼 청신하고 생생한 모습이 되어 돌아온다.

> 나는 지극히 성스러운 물결 이랑으로부터 돌아왔다,
> 새로운 잎으로 새로워진 나무처럼
> 순수하게 다시 태어나
> 별들로 오를 준비가 되어 있었다.(「연옥」, 33, 142~145)

「연옥」 편의 마지막 주제는 처음 주제와 동등하다. 즉 "죽었던 시가 여기 되살아나는 것"(1, 7)이다. 새로워짐과 재생이다. 「연옥」 편 역시 「지옥」 편이나 「천국」 편과 마찬가지로 "별들(stelle)"이란 말로 끝나고 있다.

단테의 『신곡』

「천국」 편

23. 미래로의 귀향

베르길리우스는 『아이네이스』(1, 33)에서 "로마 민족을 창건한다는 것은 그만큼 힘든 과업이었다"라는 말을 남겼다. 이는 호메로스의 오디세우스가 그저 육신의 고향으로 귀향하는 것과는 다른, 정신의 고향인 '미래로의 귀향'이었다. 이마미치는 "바로 이 점이 단테가 호메로스가 아닌 베르길리우스를 스승으로 공경한 특별한 이유였다"고 말한다.[33] 단테는 끝내 육신의 고향인 피렌체로 돌아가는 길과 타협하지 않았다. 그는 과거에의 향수를 과감히 물리치고 오히려 미래로의 향수 안에서 영혼의 본향인 천국으로 향했다. 그러나 우리가 보아왔듯이 단테는 천국에 들어가기 위하여 많은 어려움을 겪어야만 했다(사도행전 14, 22).

---

33 이마미치 도모노부, 『단테 〈신곡〉 강의』, 84쪽.

우리는 모두 영원으로부터 시간 안으로 들어왔다. 그리고 모래시계의 모래가 다 흘러내리면 다시 영원으로 돌아간다. 우리는 영원에 관하여 무엇을 알고 있으며 또 무엇을 말할 수 있을까? 영원은 신비이다. 그러므로 영원한 천국도 신비다.

「지옥」 편은 성금요일 저녁 일몰(日沒)과 함께 시작한다. 죽음의 세계로 들어가기 때문이다. 지옥은 유리창이 없는 어두운 절망의 백화점이다. 「연옥」 편은 부활 대축일 아침 일출(日出)과 함께 시작한다. 연옥에는 빛도 있고 노래도 있다. 「천국」 편은 한낮에 시작한다. 베아트리체와 함께 승천하는 천국은 통유리창으로 빛이 쏟아져 들어오는 밝은 교실과도 같다.(그림 24)

> 만물을 움직이시는 분의 영광은
> 온 우주를 관통하지만, 어떤 곳에서는
> 많이 다른 곳에서는 적게 빛난다.(「천국」, 1, 1~3)

「천국」 편의 첫 행은 「천국」 편의 마지막 행 "태양과 다른 별들을 움직이는 사랑"과 정확히 대응하고 있다. 그렇다면 하느님의 빛(집회서 42, 16), 곧 영광은 사랑과 동의어이다.

「천국」 편은 처음부터 독자들을 공격적인 도전에 직면하게 만든다.

그림 24 조반니 디 파올로, 〈하늘로 오르는 단테와 베아트리체〉, 「천국」 편 삽화, 1445년경

오, 작은 쪽배에 앉아 있는 그대들,
듣고 싶은 나머지
노래하며 나아가는 내 배를 뒤따라온 이들이여,
그대들의 해변을 한 번 더 보려면 돌아가시오.
망망대해로 뛰어들다, 어쩌면
그대들은 나를 놓치고 헤맬지도 모르오.
내가 헤치고 가는 바다는 지금껏 누구도 가본 적이 없지만,
미네르바가 숨을 불어넣고, 아폴론이 이끌며,
아홉 무사이가 내게 곰자리를 보여준다오.(「천국」, 2, 1~9)

철학과 신학의 지식을 충분히 갖추고 '천사의 빵(=진리)'을 찾아온 몇 안 되는 독자들만이 「천국」 편을 따라갈 수 있

다는 것이다. 그런데 단테는 낙담시키는 듯이 보이는 전략을 뒤집어 독자들의 분발을 촉구한다.

> 생각해 보시라, 독자여, 여기서 시작하여
> 앞으로 나아가지 않는다면, 더 알고 싶은 마음에
> 그대는 얼마나 가슴 졸이겠는가.(「천국」, 5, 109~111)

단테는 『향연』(1, 1, 7~13)에서, 식탁에 앉아 천사의 빵을 먹는 소수의 사람들은 행복하다고 말한 바 있다. 그러나 자신은 "그 축복받은 식탁에 앉아 있지는 않지만, 식탁에 앉아 있는 사람들의 발치에서 그들에게서 떨어지는 것을 주워 모으고 있다"고 말한다. 즉 자신은 전문적인 학자는 아니지만, 생계 때문에 진리에 굶주린 민중들을 위해 그들의 소화를 쉽게 해줄 빵의 향연을 마련한다는 것이다. 이러한 단테의 모습은 예수께 마귀 들린 자기 딸의 치유를 간곡히 부탁하던 가나안 여인의 모습과 흡사하다. 그녀는 자녀들이 먹을 빵을 강아지에게 던져주는 것은 옳지 않다고 말하는 예수께 "주님, 그렇긴 합니다만 강아지도 주인의 상에서 떨어지는 부스러기는 주워 먹지 않습니까?"(마태오 15, 27) 하고 말했던 것이다. 이 낙담과 분발의 모순이 바로 「천국」 편의 어려움이자 매력이다.

아리스토텔레스-프톨레마이오스적 하늘 풍경에는 여덟

개의 물질적 천구(天球)와 투명한 원동천(原動天) 너머 순수한 빛과 사랑의 하늘인 지고천(至高天, Empireo)이 있다. 그곳이야말로 하느님과 지복자(至福者)들이 사는 진정한 천국이다. 단테는 보이는 하늘들로부터 보이지 않는 이 지고의 하늘로 상승하면서 독자들을 지복의 일별(一瞥) 내지 미리 맛봄으로 초대한다.

> 인간 능력을 초월하는 것을 말로 표현할 수는
>
> 없으리라. 하지만 은총이 그런 체험을 마련해 둔 사람에게는
>
> 이 예로 충분하리라.(「천국」, 1, 70~72)

24. 금성천(金星天): 절제의 덕(節德)

그림 25 〈피카르다와의 만남〉, 베네치아 사본, 14세기 후반

「지옥」 편에서 단테는 제9지옥 맨 끝까지 가서야 얼굴이 셋인 악마 대왕 루치페로를 만날 수 있었다. 그렇듯 「천국」 편에서도 단테는 제9천인 원동천 너머 지고천에 도달해서야 삼위일체이신 하느님을 뵙게 될 것이다.

단테와 베아트리체가 제일 먼저 도착한 첫 번째 하늘인 달의 하늘은 지구에서 가장 가까운 천국이다. 여기에 등장하는 복자들의 모습은 "새하얀 이마 위의 진주처럼"(「천국」, 3, 14) 희미한 윤곽선을 띤다. 그들이 어슴푸레한 것은 하느님으로부터 부여받은 힘을 생전에 제대로 발휘하지 못했기 때문이다. 단테에게 가장 말하고 싶어 하는 영혼은 생전에 단테를 잘 알고 있었던 피카르다 도나티이다.(그림 25) 그녀는 단테의 시우(詩友) 포레세 도나티의 누이이다. 또 단테의 아내인 젬마 도나티와는 사촌이다. 그녀는 키아라(클라라)회

수녀였으나 오빠인 흑당의 우두머리 코르소 도나티에 의해 강제로 환속하여 정략결혼을 하였다. 그녀는 서원(誓願)을 하였음에도 불구하고 서원을 끝까지 채울 수 없었기에 이 가장 낮은 천구(天球)에 보내졌다고 말한다. 서원을 다 채우지 못한 것이 마치 달의 얼룩처럼 남아 있다. 달의 모습이 일관적이지 않은 것처럼 우리네 삶에도 우여곡절이 많다. 그렇지만 그녀의 얼굴에서 어떤 신성한 것이 빛나고 있었기에 단테는 그녀를 곧바로 기억할 수 없었다. 지옥에서는 극심한 고통이, 천국에서는 지극한 기쁨이 영혼들을 변모시키기에 우리 또한 그들을 쉽게 알아보지 못할 것이다.

하늘에서는 모든 곳이 천국임이 분명했다.
최고선의 은총이
한 가지로 내리지 않을지라도.(「천국」, 3, 88~90)

사실 복자들은 모두 지고천에 살고 있다. 단테가 하나의 천구에서 다른 천구로 오를 때마다 단테를 만나기 위해서 내려오거나 아니면 각기 다른 천구에 신비스럽게 자신들의 모습을 투사할 뿐이다.

흥미로운 점 하나는 베아트리체의 이름이 제5곡 16행에 등장하고 있다는 점이다. 알파벳이 가진 각각의 수치를 더해 단어의 뜻을 풀이하는 수치등가법(數値等價法, gematria)에 의하면 Beatrice는 2+5+1+19+17+9+3+5=61이다. 61의 경영대칭수(鏡映對稱數, chiasmus)는 16으로 이는 기적을 뜻하는 9와 은총을 뜻하는 7을 합한 수이다.[34]

베아트리체는 "못 채운 서원을 다른 봉사로 채울 수 있는가?"라는 단테의 물음에 자유의지를 주제로 한 성스러운 논의를 전개한다.

하느님께서 창조하실 때 후하게 내려주신
가장 큰 선물, 그분의 선하심에 가장 잘 어울리고

34 참고로 베아트리체의 이름은 「천국」 편에서 홀수 곡 16행에 세 번 나온다. 「천국」, 7, 16 및 9, 16.

또 그분이 가장 높이 평가하시는 것,

그것은 바로 의지의 자유였지요.(「천국」, 5, 19~22)

단테는 『제정론』(1, 12, 6)에서, "자유야말로 하느님으로부터 인간 본성에 베풀어진 가장 큰 선물임이 확실하다"고 말한다. 그러므로 인간이 자유로운 행위로 동의할 때 하느님께서 동의하여 이뤄진 서원의 높은 가치는 그 무엇으로도 보상할 수 없다. 하느님께서 주신 가장 큰 것을 희생하였기 때문이다. 즉 "이 계약은 지키는 것 이외에는 절대로 취소할 수 없다"(「천국」, 5, 46~47). 그러니 "가볍게 서원해서는 안 된다"(5, 64). 로버트 볼트의 희곡 「사계절의 사나이」에는 아버지 토마스 모어와 딸 마가렛 사이에 다음과 같은 대화가 나온다.(Robert Bolt, *A man for all seasons*, Heinemann, 1962, pp.83~84)

"아버지, 도대체 무슨 차이가 있나요? 맹세란 그저 말뿐이에요. 그들이 원하는 걸 말해주고, 우리를 위해 사셔야만 해요."

"그런데 얘야, 네가 만일 물컵을 들고 있다고 해보렴. 그것을 네가 쥐고 있는 한 그 물컵은 그대로 있지. 하지만 네가 그것을 놓는 순간 물컵은 땅에 떨어지고 말 거야. 한 남자도 이와 같단다. 한 남자는 맹세 안에 자신을 쥐고 있지. 사람들은 의미도 없는 말을 함부로 내뱉지만, 내가 그렇게 할 수 없는 것은 너를 너무나도 사랑하기 때문이란다."

하느님의 가장 큰 선물인 자유의지를 희생하여 하느님과 맺은 서원 그 자체를 대체할 수 있는 것은 아무것도 없다. 단테는 다만 서원으로 하느님께 바쳐지는 물질은 그 대체가 허용된다고 말한다. 그러나 자의적 판단으로 그렇게 할 수 있는 것이 아니고, 거기에는 교회의 허락이 필요하다.

단테와 베아트리체는 이어서 둘째 하늘인 수성천(水星天)을 거쳐 셋째 하늘인 금성천(金星天)으로 오른다. 금성천에는, 지금은 정화가 되었지만 예전에는 과도한 사랑의 포로였던 사람들의 영혼이 있다. 옛날 사람들은 금성(Venus)에서 베누스 여신이 미친 사랑을 내려보낸다고 믿었다(「천국」, 8, 3). 금성은 태양이 뜨기 전에는 샛별(morning star), 명성(明星), 효성(曉星)이라 불리며 동쪽에서 빛나고, 태양이 지고 나서는 저녁별(evening star), 태백성(太白星)이라 불리며 서쪽에서 빛난다. 즉 태양의 앞에서 뒤에서 태양에게 구애(求愛)하는 별이다(8, 11~12).

금성은 지구가 만드는 그림자의 끄트머리에 있다(9, 118). 인간적인 형태는 점진적으로 지워진다. 「지옥」 편 제9곡까지가 본격적인 지옥의 전주곡이고, 「연옥」 편 제9곡까지가 본격적인 연옥의 전주곡이었다면, 「천국」 편 제9곡까지도 본격적인 천국의 전주곡이 된다.

25. 태양천(太陽天): 현명의 덕(智德)

단테는 베아트리체와 함께 넷째 하늘인 태양의 하늘로 오르며, 좋으신 삼위일체 하느님의 창조 위업을 찬미한다. 시에서 창조의 행위는 거의 항상 삼위일체께 돌린다. 그리고 창조의 행위는 다 사랑의 행위이다(「천국」, 10, 1~6). 지상에 생명이 넘쳐흐르는 부활절, 단테는 독자들에게 춘분(春分)의 태양 궤도를 주목하라고 권한다.

"가장 위대한 자연의 관리자"인 태양은 하느님의 예지를 상징하는 빛이다. 그리고 그 빛을 받아 지상에서 지혜롭게 일한 사람들의 상징이기도 하다. 베아트리체는 지혜의 상징이기도 하므로 학자들에 에워싸인다. 태양의 하늘에서는 탁월했던 철학자들과 신학자들이 마치 광채 나는 주옥(珠玉)이 만든 관(冠)처럼 노래 부르고 춤을 추면서 돌아간다.(그림 26)

Per la tua sete in liberta non fora
Se non comacqua chal mar non si cala.

Nella corte del ciel. Chiaro ap
pare si come ancho dice. nel primo capi
tulo di questa terza parte. quanto dice.
Ne sa ne puo qual di la su discende

그들 가운데 하나인 도미니코회원[35] 토마스 아퀴나스가 자기 이름을 밝히고 나와, 자신의 스승인 대(大) 알베르투스(Albertus Magnus, 1193~1280)를 비롯하여 시계의 시간처럼 원형(圓形)을 구성하는 열두 영혼을 차례차례 소개한다. 이들 가운데 눈여겨보아야 할 예상치 못한 한 사람이 있다. 브라방의 시제르(Siger, 1235~1283)이다. 그는 토마스 아퀴나스가 평생 공격한 라틴 아베로에스주의자이다. 아리스토텔레스를 신플라톤주의에 입각해 그리스도교적으로 해석한 동방의 이슬람 철학자 아비첸나(Avicenna, 980~1037)와 달리, 아베로에스(Averroes, 1126~1198)는 아리스토텔레스를 반(反)그리스도교적으로 해석한 서방의 이슬람 철학자이다.

브라방의 시제르는 아베로에스의 아리스토텔레스 해석을 순수한 아리스토텔레스주의로 받아들였다. 그래서 우리는 시제르를 '라틴 아베로에스주의자'라고 부른다. 13세기에 시제르는 아베로에스주의에 입각해 그리스도교 교리를 반대한 파리 대학 교수단의 지도자였다. 따라서 그의 교설은 이단으로 단죄 받았는데, 문제가 된 것은 「세계의 영원성 이론」과 「지성의 단일성 이론」이다. 세계는 시작도 끝도 없이 영원하다는 주장은 그리스도교의 창조론과 종말론에 위배되며, 개별적 수동적 지성(=질료적 지성)이 사후 인류의 보

35 성 도미니코가 세운 도미니코회의 정식 명칭은 '설교자 형제회(Ordo Fratrum Praedicatorum, 약자는 O.P.)'이다.

그림 26 〈태양의 하늘〉, 이탈리아 사본, 15세기

편적 공통 지성 안에 흡수되어 생존한다는 지성의 단일성 이론은 결과적으로 인간 개인의 영혼의 불멸성과 내세에서의 상벌 교리를 부인하는 것이다. 아비첸나와 아베로에스는 제1지옥 림보에 있는데, 그리스도교인이긴 하지만 왜 유독 시제르만 천국에 있는 것일까? 시제르는 파리의 라틴 구역에서 가르쳤는데, 단테도 거기서 공부한 적이 있는 인연 때문일까?[36] 파리에서 단죄 받은 시제르는 교황청에 호소하기 위해 로마에 갔다가 오르비에토에서 미친 하인에게 살해(암살?)당했다고 한다.

하여간 토마스 아퀴나스의 좌우에는 브라방의 시제르와 대 알베르투스가 배치되어 있는데 특히 시제르는 순수철학(=이성)을 상징하고 있다. 또 시제르의 존재는 단테의 학문적 호기심의 폭이 얼마나 넓은지를 보여준다. 단테가 이슬람 철학에 빚지고 있는 부분이 있다. 하느님은 빛이시라는 것, 천체가 미치는 영향, 직접 창조되는 영혼의 지적 부분, 인식을 위한 조명의 필요성 등이다.

"영원한 빛을 바라보면서 그 빛을 반사하는"(「천국」, 11, 19~20) 토마스 아퀴나스는 단테의 심중에 솟아난 두세 가지 의문을 헤아리고 자진하여 설명해 준다. 하느님께서는 지상의 교회가 임금이신 그리스도를 잘 따르도록 두 왕자를 보내

36 파리 대학이 있던 '짚더미 거리(Rue du Fouarre)'는 지금 이름이 '단테 거리(Rue Dante)'로 바뀌었다.

시어 안내자가 되게 하셨다.

> 한 분은 세라핌처럼 온몸이 정열에 불타고,
> 또 한 분은 그 지혜가 지상에서
> 바로 케루빔의 광채였습니다.(「천국」, 11, 37~39)

아시시의 성 프란치스코(San Francesco d'Assisi, 1181~1226)는 지상의 재물을 포기하고 청빈(淸貧)을 사랑하였는데 이는 하느님에 대한 순수한 사랑을 뜻한다. 성 도미니코(St. Dominicus, 1170~1221)는 설교를 통해 교회를 등진 이단자들에게 빛을 가져다주었다. 당시에는 교회와 사회를 버리고 계율에만 따라 사는 카타리파(katharoi, 淸淨者)와 그들 가운데 남프랑스 알비를 중심으로 일어난 알비파 그리고 재산과 여자를 공유하는 돌치노파(「지옥」, 28, 56) 등이 있었다.

도미니코회원인 성 토마스는 먼저 성 프란치스코의 생애를 일련의 두루마리 그림처럼 상세하게 이야기하며 들려준다. 천국에서는 수도회 사이에 질투가 없다. 오히려 지상에 있는 자신의 수도회에 대한 깊은 탄식이 있다. 너무 빨리 이상에서 멀어졌기 때문이다. 성 토마스는 타인에게는 봄바람처럼 따스하나 자신에게는 가을 서리처럼 엄격한 수도자의 모범이다.

성 프란치스코는 제2의 그리스도라고 불린다. 그는 청빈이 첫 남편 그리스도를 잃은 이후 천백 년 이상이나 기다리다 맞이한 두 번째 남편이다. 그 커다란 평화와 풍요로운 선을 보고 그의 곁에는 열두 명의 제자가 모여들었다. 당시에는 귀족들만이 수도회에 들어갔는데, 상인계급 출신인 그가 '작은형제회'[37]를 설립한 것은 성령께서 내리신 왕관이었다. 그리고 이를 그리스도께서 십자가의 오상(五傷)으로 최종 인준하셨다. 청빈을 사랑하는 작은형제회는 역설적이게도 세상에서 그 재산이 얼마인지 하느님도 모르는 가장 부유한 수도회가 되었다. 관(棺)도 없이 맨몸으로 장례를 치른 성인의 유언 덕분이었다.

이야기를 끝내고 나서 성 토마스는 성 프란치스코에 어깨를 견줄 수 있는 성인으로 성 도미니코를 암시한다. 그는 세상이라는 넓은 바다에서 교회라는 배를 똑바른 목적지로 향하게 하는 사도 베드로의 동료였다. 그러면서 요즘의 도미니코회원들의 타락과 부패를 언급한다. 신자들 영혼의 양식을 풍족하게 하는 신학, 즉 성서학과 교부학 연구는 등한시하고, 세속적인 명예와 재물만을 위해 교회 법령 연구만 한다는 것이다. 목자에게서 양(羊) 냄새가 나질 않으니 양 떼들이 다 목자를 떠나버린 것이다(에제키엘 34, 8~10).

37 프란치스코회의 정식 명칭은 '작은형제회(Ordo Fratrum Minorum, 약자는 O.F.M.)'이다.

첫 번째 화환을 에워싸고 두 번째 화환이 돌기 시작한다. 그 두 번째 화환도 열두 영혼으로 이루어져 있다. 그 가운데 하나인 프란치스코회원 성 보나벤투라가 성 도미니코의 생애와 업적을 상세하게 이야기한다.

성 프란치스코가 동녘에서 태어난 태양이라면, 성 도미니코는 서녘 대서양 연안에서 태어난 태양이었다. 즉 두 성인은 해 뜨는 곳에서부터 해 지는 곳 모두를 비추고 있다. 성 프란치스코가 청빈과 결혼하였듯이, 성 도미니코는 신앙과 결혼하였다. 두 성인은 교회라는 수레에서 대칭을 이루는 두 바퀴인 셈이다. 즉 프란치스코회가 감성적인 바퀴라면, 도미니코회는 지성적인 바퀴가 된다. '도미니쿠스'라는 라틴어 이름은 '주님(Dominus)'이란 명사의 소유격이다. 즉 도미니쿠스는 '주님의' 포도밭 지킴이라는 뜻이다. '도미니코회원(Dominicani)'이란 말도 '주님의 개들(Domini canes)'이란 뜻을 암시하는데, 성 도미니코의 어머니는 횃불을 물고 있는 하얗고 까만색의 개를 낳는 태몽을 꾸었다고 한다. 그런 연유에서인지 흑백(黑白)이 도미니코회 수도복의 색이 되었다. 성 도미니코는 입신출세를 위한 법학과 의학 대신 하느님의 학문을 배웠고, 정통 신앙을 다시 펴기 위해 설교로 프로방스의 알비파를 개종시킨다.

프란치스코회원인 성 보나벤투라가 성 도미니코를 칭송하는 것은 도미니코회원인 성 토마스가 성 프란치스코를 칭송하였기 때문이다. 단테는 이로써 나중에 만들어지는 일반 관례를 암시한다. 즉 성 프란치스코의 축일(10월 4일)에는 프란치스코회 수도원에 도미니코회원이 와서 성 프란치스코를 칭송하는 강론을 하고, 성 도미니코 축일(8월 8일)에는 도미니코회 수도원에 프란치스코회원이 와서 성 도미니코를 칭송하는 강론을 하는 것이다. 또한 프란치스코회 총장의 장례미사를 도미니코회 총장이 와서 주례를 하며, 도미니코회 총장의 장례미사를 프란치스코회 총장이 와서 주례를 한다.

보나벤투라는 자신의 프란치스코회가 두 파로 분열된 현상도 언급한다. 회칙을 너무 엄격하게 해석하고 실천한 성령파(Spirituali)는 결국 1318년 교회로부터 단죄를 받았다. 이 파의 지도자인 우베르티노는 피렌체 산타 크로체 수도원 부속학교 선생이기도 했는데 단테도 가르침을 받았다. 반면 완화된 회칙을 지키려 한 수도원파(Conventuali)의 총장 마태오는 성 보나벤투라의 제자로 교황지상주의자였는데, 1300년 피렌체의 흑당 백당 분쟁의 조정자로 파견되어 뇌물을 받고 흑당을 지지하여 백당을 실각시켰다. 성 보나벤투라는 수도회의 총장으로서 성령파와 수도원파의 화해를 위해 노력하였다. 그러나 단테는 우베르티노를 그 분리 활동으로 인해 단죄하고 있으며, 마태오 역시 그 정치적 활동으로 인해 단죄한다. 현대에 프란치스코회의 회칙 엄

수파(Observantes)는 '작은형제회'라고 불리며, 회칙 완화파(Communitas)는 '콘벤투알회(Conventualium)'라고 불린다.

성 보나벤투라는 두 번째 화환을 구성하는 사람들을 소개한다. 여기서 특히 주목할 사람은 피오레의 요아킴(Joachim of Fiore, 1135~1202)이다. 요아킴은 시토회의 수도원장이었다. 그는 삼위론적(三位論的) 역사관을 편 신비주의자요 묵시주의자였다. 즉 그는 역사의 첫 단계를 성부의 시대, 구약의 율법의 시대, 결혼자의 시대로 보았다. 둘째 단계는 성자의 시대, 신약의 은총의 시대, 성직자의 시대로 보았다. 셋째 단계는 성령의 시대, 영성적 교회의 시대, 수도자의 시대로 보고 그것이 1260년부터 시작한다고 생각하였다. 이 시대는 완전함과 자유의 시대이다. '영원한 복음'은 책이 아니라 섭리이다. 그는 타락한 교회의 쇄신은 영적인 지성에 의해 이루어진다는 예언적 종말론을 제창하였다. 단테 역시 그로부터 영향을 받은 것으로 보인다. 요아킴은 단테 자신 안에서 점점 커가는 예언의 목소리를 암시한다. 요아킴의 교설은 단죄 받았지만, 프란치스코회의 성령파 안에 추종자들을 낳았다. 이들은 움베르토 에코(Umberto Eco)의 『장미의 이름』에 나오는 웃지 않는 수도사를 연상시킨다.

요아킴은 두 번째 화환에서 시제르가 첫 번째 화환에서 차지하고 있던 위치에 대응하는 자리에 있다. 두 사람의 이름은 맨 마지막에 나오며, 각 화환의 대변인들 바로 왼쪽에 위치하고 있다. 양자는 논쟁의 여지가 있는 인물들일 뿐만 아니라, 성 토마스가 시제르의 사상을 공격하듯이, 성 보나벤투라 또한 요아킴을 따르는 영성파를 공격했던 것이다. 단테가 양자를 병행시킨 것은 고상한 조정의 정신과 천상적 관용을 표현한다.

「천국」 편 제13곡의 서두는 한 문장이 24행으로 되어 있다. 『신곡』 전체에서 가장 긴 문장이다. 단테는 항상 시를 시작하면서 하늘의 별자리 위치를 언급한다. 여기서는 이중의 왕관을 이루고 있는 스물네 명의 영혼들이 스물네 개의 별로 비유되고 있다. 열다섯 개의 별은 프톨레마이오스의 천문학에 따른 것인데 유대교 신비 사상인 카발라에서는 '성부'를 상징하고, 큰곰자리 북두칠성의 일곱 개의 별은 '성령'을, 작은곰자리의 별 두 개는 신성과 인성을 가지신 '성자'를 뜻한다. 그러므로 '24'라는 숫자 자체가 삼위일체를 나타내고 있다.[38]

다시 성 토마스가 이야기를 시작한다. 그는 단테의 심중에 도사리고 있는 그 밖의 미심쩍은 점을 간파하고 설명을 덧붙인다. 즉 성 토마스는 최고의 지성을 가진 사람은 솔로몬이라고 말한 바 있는데(「천국」, 10, 109~114), 단테의 생각으로는 그것이 아담과 그리스도인 것이다. 성 토마스도 이 점

38 「천국」 편에서는 특히 삼위일체에 대한 언급이 풍부하다. 「천국」, 1, 1~3; 10, 1~3; 13, 79~81 등등.

에는 동의한다. 그러면 솔로몬이 그 지혜에 있어 견줄 사람이 없었다는 것은 무슨 말인가? 성 토마스는 솔로몬은 임금이었고 임금에게 필요한 지혜를 하느님께 청한 것뿐이라고 말한다(열왕기상 3, 4~14). 즉 솔로몬에게 견줄 사람이 없는 지혜란 임금으로서 선과 악을 분별할 수 있는 신중한 식별력(prudenza)이었다.[39] 성 토마스는 끝에 인간이 옳고 그름의 판단을 내릴 때 그에 앞서 취해야 할 신중한 태도에 관한 주의를 말한다.

일련의 아름다운 시적인 비유들이 그 경고를 마무리한다. "많은 사람이 어디로 가는지도 모르면서 너무 성급하게 판단을 내린다는 것이다. 가시덤불이 나중에 장미를 피우기도 하고, 항구를 향해 줄곧 똑바르고 쏜살같이 들어오던 배가 가라앉는 일도 있다. 사람은 언제든 어디서든 쓰러질 수도 있고(죄로 떨어질 수도 있고), 일어설 수도 있다(죽기 전에 진정한 참회로 구원받을 수도 있다).

태양천의 현자들 가운데는 성경에 나오는 두 인물도 포함되어 있다. 솔로몬과 나탄이다. 이는 단테가 관상적 삶의 지혜만이 아니라 활동적 삶의 지혜 또한 높이 평가했다는 것

---

39 내 생각에 「천국」 편 이해의 열쇠는 사랑이 주입된(infused) 사추덕(四樞德, Cardinal Virtues: 현명, 정의, 용기, 절제)과 대신덕(對神德, Theological Virtues: 믿음, 소망, 사랑)의 이해에 있는 것 같다. 즉 「천국」 편은 그리스도교 윤리학(덕론)의 요약이기도 하다. 금성천에서 과도한 사랑의 주인공들이 등장한 것이 절제의 덕을 에둘러 말하기 위함이었다면, 태양천에서는 탁월한 학자들이 등장하여 현명(prudence)의 덕을 명시적으로 말하고 있기 때문이다.

을 보여준다. 요아킴과 나탄은 단테 자신 안에서 점점 커가는 예언의 목소리를 암시한다.

26. 화성천(火星天): 용기의 덕(勇德)

베아트리체와 단테는 다섯째 하늘 "불붙은 웃음"(「천국」, 14, 86) 때문에 붉게 보이는 화성의 하늘로 오른다. 화성천에는 신앙을 위해 싸우다 죽은 이들의 영혼이 십자형으로 나란히 빛나고 있다. 그 십자가 안에는 그리스도께서 빛나고 계시다.(그림 27) 그리스도야말로 순교의 모범이시기 때문이다. 부활의 승리를 노래하는 빛의 합창이 들리고, 그 달콤한 선율에 단테는 너무나도 매료되어 잠시 베아트리체를 바라보는 것도 잊어버린다.

그때 별똥별처럼 한 영혼이 십자가의 오른쪽 끝에서 밑으로 달려 내려온다. 그는 단테의 고조부 카차귀다(Cacciaguida, 1091~1147)였다. 이 만남의 이야기는 아이네아스가 저승에서 그의 아버지 안키세스를 만나는 베르길리우스의 비극 『아이네이스』(6, 684~688)를 그리스도교의 희극

으로 다시 쓰는 것이다.

우리들의 가장 위대한 뮤즈가 믿을 만하다면
엘리시움에서 자기 아들을 알아보았을 때
애정이 넘치는 안키세스의 그림자는 그렇게 맞이했으리.
"오, 나의 핏줄이여, 오, 아낌없이 내리는
하느님의 은총이여, 너에게 그런 것처럼
하늘의 문이 두 번 열린 적이 있었던가?"(「천국」, 15, 25~30)

안키세스의 후손이 아이네아스와 이울루스를 거쳐 카이사르에게까지 이어져 지상 로마를 건국하였듯이, 카차귀다의 고손(高孫)인 단테는 천상 로마를 인류에게 되돌려 주기 위해 하느님의 뜻을 담은 예언으로서 『신곡』을 저술하였다.

카차귀다는 황제 콘라트 3세의 휘하에 급히 달려가 이슬람교도와 싸운 십자군 기사로서의 자신의 신상을 말한다. 그는 자신이 제2차 십자군 원정 때에 전사하여 이 화성의 하늘의 평안함에 도달했다는 것이다. 당시에 성지에서 십자군으로서 죽은 사람들은 신앙의 순교자로 간주되었다. 그들은 곧바로 천국으로 간다고 믿었다.

단테의 집안은 귀족이 아니라 대금업을 하는 시민이었다. 당시 교회는 대금업을 부정적으로 보고 있었기 때문에

그림 27 〈화성의 하늘〉, 이탈리아 사본, 14세기 중반

단테의 친구인 포레세 도나티는 단테의 아버지가 이단자들이 묻혀 있는 곳에 있다고 놀린다. 그런데 단테가 고조부 카차귀다에게 단수 2인칭 'tu'가 아니라 경어체인 복수 이인칭 'voi'로 말하는 것은 고조부가 기사(騎士), 즉 귀족임을 알게 되었기 때문이다. 그럼에도 단테는 혈통의 고귀함을 부정한다.

오, 보잘것없는 우리 핏줄의 고귀함이여.(「천국」, 16, 1)

그것을 피렌체 귀족들의 영고성쇠(榮枯盛衰)가 잘 보여주고 있다. 보에티우스도 『철학의 위안』(3, 6)에서 다음과 같이 말한다. "여기서 또한 고귀한 가문이 그 얼마나 허무한 것이며 또 얼마나 소용없는 것인지도 누구나 다 알 수 있다. (…) 내가 생각하기로는 고귀한 가문 출신에 어떤 좋은 점이 있다면 이것은 그 귀족들에게 조상의 덕행에 어긋나지 않아야 한다는 어떤 의무가 지워지는 것뿐이다."

「천국」 편 제17곡은 단테가 「천국」 편을 헌정한 베로나의 영주 칸그란데 델라 스칼라에게 라벤나로 떠나면서 그동안의 환대에 감사하며 작별 인사를 고하는 곡이다. 지옥과 연옥을 거치면서 전부터 불길한 예언을 들어왔던 단테는 자신이 장래 직면하게 될 운명에 관하여 고조부 카차귀다에게 묻는다. 그리고 자신은 역경에 대처할 마음가짐이 되어 있다고 말한다. 그러자 고조부는 단테가 머지않아 맛보게 될 망명 생활의 고난에 관하여 상세하게 말해준다. 고조부는 또한 베로나의 관대한 군주 칸그란데의 호의와 은덕을 입게 될 것이라고 예언한다.

> 너는 그 무엇보다도 소중하게 사랑해 온 모든 것을
> 두고 떠나게 될 것이다. 그리고 그것이야말로
> 망명의 활이 가장 먼저 쏘는 화살이다.
> 너는 몸소 알게 될 것이다. 다른 사람의 빵이
> 얼마나 짠지, 또 남의 집 계단을 오르내리는 것이
> 얼마나 힘든 일인지를.(「천국」, 17, 55~60)

단테는 함께 망명한 백당으로부터도 배신을 당하고 홀로 되었다. 단테는 이제 자신의 정치적 패배를 인정하고, 망명 시인으로 재탄생한다. 시인은 앞으로 황제나 군주를 섬기는 정치가가 아니라 인류 전체를 섬기는 하느님의 예언자로 거듭날 것이다.

> 그러므로 선견으로 대비를 하는 편이 좋겠습니다.
> 가장 소중한 내 고향을 빼앗기더라도
> 다른 것들은 내 시를 위해 잃지 않겠습니다.(「천국」, 17, 109~111)

고조부는 단테에게 지옥, 연옥, 천국에서 보고 들은 모든 진실을 세상으로 돌아가 거리낌 없이 시로 노래하라는 임무를 부여한다.

> 그런 너의 외침은 바람처럼 울려 퍼질 것이다,
> 가장 높은 산꼭대기들을 세차게 때리는 바람처럼.
> 그것은 적잖은 영예의 이유가 된다.(「천국」, 17, 133~135)

이제 거룩한 권위를 부여받은 시는 희극이 아니라 성시(聖詩)라고 불릴 것이다.[40]

40 단테는 「지옥」 편(16, 128; 21, 2)에서는 『신곡』을 '희극(comedia)'이라고 부르지만, 「천국」 편(23, 62; 25, 1)에서는 '신성한 시(lo sacrato poema, il poema sacro)'라고 부르고 있다.

27. 목성천(木星天): 정의의 덕(義德)

화성천에는 많은 용명(勇名)을 떨친 하느님의 전사(戰士)와 십자군의 용사들이 빛을 뿜고 있다. 카차귀다가 그 영혼들의 이름을 부르자 영혼들은 십자가를 따라 달린다. 이처럼 화성천의 주제는 용덕(勇德)이었다. 성 토마스가 『신학대전』(II-II, 124, 1~2)에서 말하듯, "가장 명백한 용덕의 행위는 순교다. 순교는 죽음의 위협에 처해서도 항구하게 선에 머물 수 있게 하기 때문이다. 순교는 진리와 정의 안에서 박해자의 공격에 대항하여 확고하게 서게 하는 것"이다.

이어서 단테는 베아트리체와 함께 여섯째 하늘인 목성천에 오른다. 목성은 뜨거운 별인 화성과 차가운 별인 토성 사이에 있는 중립의 별이기에 하얀빛이다. 목성천의 주제는 정의의 덕(justitia)이다. 성 토마스가 『신학대전』(II-II, 57, 1; 58, 1)에서 말하듯, "다른 덕들은 인간을 자신의 질서 안으로 인도하는 반면, 정의의 덕은 인간을 타인을 향한 질서 안으로 인도한다. 정의는 각자의 몫을 각자에게 돌려주는 데 있어서 완전하고 항구한 의지이다".

목성천에서는 현세에서 정의를 사랑한 사람들의 영혼이 모여서 독수리의 형상을 이루는 것이 보인다.(그림 28) 그들은 마치 물가에서 날아오른 새들처럼 글자를 이룬다.

> *DILIGITE JUSTITIAM*이
> 묘사된 전문(全文)의 첫 동사와 명사,
> *QUI JUDICATIS TERRAM*이 그 마지막 말이었다.
> 그 후 그들은 다섯 번째 낱말의
> M 자 안에 배치된 채로 머물렀다. 그리하여 목성은
> 그곳만이 황금으로 장식된 은처럼 보였다.(「천국」, 18, 91~96)

여기에 나오는 라틴어 문구는 "땅을 심판하는(세상을 통치하는) 자들이여, 정의를 사랑하여라"라는 뜻으로 「지혜서」 1장 1절에 나온다. 영혼들은 M 자로 머물러 있는데 M은 terram의 마지막 문자로는 '지상(地上)'을, monarchia의 두문자(頭文字)로는 '제국'을 가리킨다. 그리고 M 자 위에 하느님의 뜻에 의해 독수리의 머리와 목이 그려진다. 도중에 백합꽃으로 변한 것은 프랑스 왕이 황제권을 찬탈한 것을 말한

그림 28 조반니 디 파올로, 〈독수리〉, 「천국」 편 삽화, 1445년경

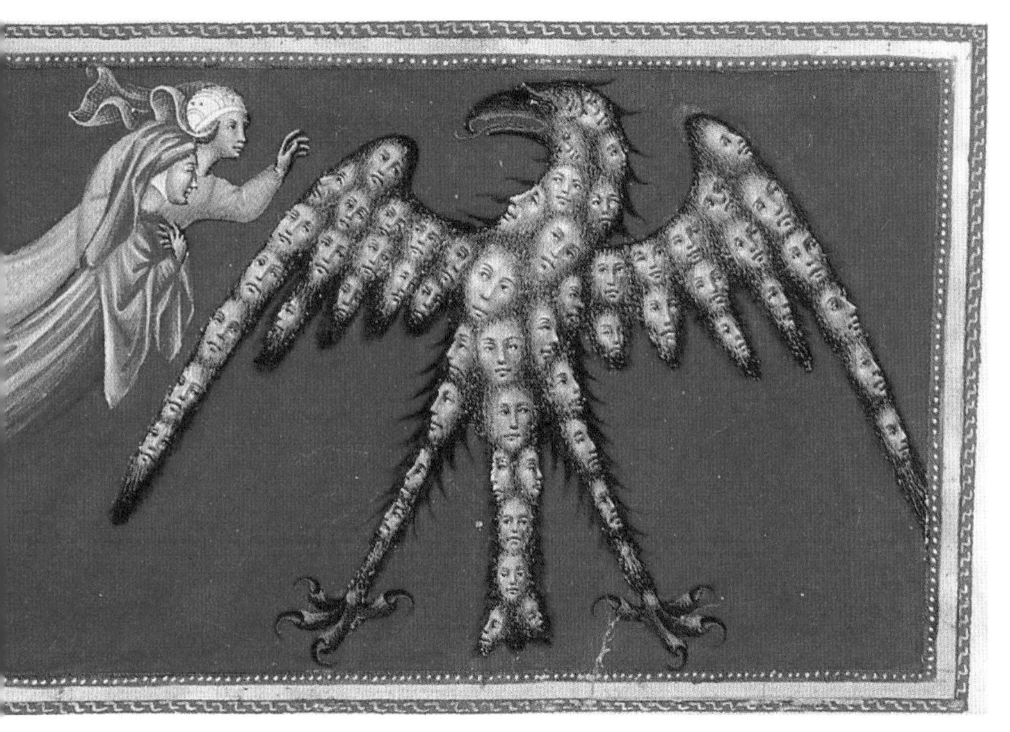

다. 그러나 하느님께서는 이를 인정하지 않았고 신성로마제국은 그대로 지속되었다.

독수리의 당당한 모습은 많은 영혼들로 형성되어 있지만, 그것은 마치 하나의 마음처럼 하나의 목소리로 이야기한다. 즉 다양한 시대의 다양한 통치자들이 1인칭 복수가 아니라 1인칭 단수로 말하는 것은, 정의를 실현하는 통치는 하느님의 이름 아래 하나라는 단테의 사상을 나타낸다.

많은 숯으로부터 단 하나의 열기가

느껴지듯이, 많은 사랑이 모인
그 형상으로부터 단 하나의 목소리가 흘러나왔다.(「천국」, 19, 19~21)

단테는 예전부터 그리스도교 신앙을 지니지 않은 사람들의 구원 가능성에 관하여 의혹을 품고 있었으므로, 그 점을 독수리에게 질문한다.

어떤 사내가 인도의 강변에서 태어났습니다.
거기에는 그리스도에 관하여 이야기하는 자도
읽거나 쓰는 사람도 없습니다.
그리고 이자의 모든 의지와 행동은 선량하며,
이성이 이해하는 범위 안에서는
그 언행에 죄가 없습니다.
이자는 세례도 받지 않고 믿음도 없이 죽습니다.
그를 벌할 정의가 어디에 있습니까?
믿지 않는다고 그의 죄가 어디 있습니까?(「천국」, 19, 70~78)

독수리는 하느님의 정의는 사람의 지혜로는 헤아리기 어렵다고 대답한다. 그것은 하느님께서 피조물에 자신의 완전함을 부여한 적이 없기 때문이다.

중세에 독수리는 태양을 직접 바라볼 수 있다고 믿었다. 천국의 독수리도 정의의 원천인 하느님을 직접 바라본다. 하느님을 바라볼 수 있기에 몸에서 눈은 가장 고귀한 부분이다. 그 눈의 중심인 눈동자에 다윗이 있다. 그가 노래한 「시편」은 성령의 영감을 받아 쓰인 것이다. 지상 예루살렘을 건설한 다윗은 천상 예루살렘을 건설한 그리스도의 예형이다. 또 성궤(聖櫃)를, 즉 올바른 교회를 운반한 다윗은 세속화된 교회를 비판한 단테의 예형이다.

독수리의 눈썹 양 끝에는 놀랍게도 이교도인 황제 트라야누스와 트로이의 영웅 리페우스가 있다. 단테는 "이들은 어찌 된 일입니까?" 하고 묻는다. 독수리는 단테의 궁금증을 풀어줄 수 있다는 기쁨으로 더욱 눈부시게 빛난다.

두 사람의 몸에서는 네가 믿듯이 이교도가 아니라,
그리스도교 신자가 나왔다. 흔들리지 않는 믿음으로
한 사람은 수난당하실 발을, 다른 사람은 수난당하신 발을 믿었다.(「천국」, 20, 103~105)

그리스도교를 박해했던 황제 트라야누스(재위 98~117)는 이미 「연옥」 편(10, 73~93)에서 겸손의 모범으로 나온 적이 있다. 그는 억울하게 자식을 잃은 과부의 원수를 갚아준 일이 있는데, 이에 감동한 교황 대 그레고리오(Gregorius I, 재위

590~604)가 기도로 그의 영혼을 림보에서 지상으로 다시 불러내어 세례를 주고 천국으로 보냈다는 이야기가 『황금 전설』에 나온다. 교황의 생생한 희망을 받아들여 하느님께서 황제를 부활시키자 황제는 그리스도가 인류의 죄를 대속하셨음을 믿고 신앙으로 하느님에 대한 사랑의 불이 붙어 천국으로 올 수가 있었다는 것이다. 이 설명에서도 신망애가 중요한 역할을 하고 있다.

이어서 계속하여 그리스도를 믿을 기회가 있었다고는 생각할 수 없는 트로이의 영웅 리페우스의 영혼이 어떻게 천국에 왔는가에 관해서 독수리가 설명한다. 리페우스에 관해서는 베르길리우스의 『아이네이스』(2, 426~428)에 단 세 줄만 나온다. 단테는 별로 대단해 보이지 않는 인물을 선택함으로써 하느님의 예정의 신비를 강조하는 것이다. 정의로운 그를 이교의 신들은 버렸지만 하느님께서는 구원하셨다는 것이다.

지상에서 그는 자신의 모든 사랑을 정의에 바쳤단다.
그래서 하느님은 은총에 은총을 더해 그의 눈을
앞으로 올 인류의 구원으로 열어주셨지.
그리하여 그는 이 구원을 믿고, 그 후
이교 신앙의 악취를 더 이상 참지 못하고
길을 벗어난 사람들을 꾸짖었단다.

네가 전에 오른쪽 바퀴에서 보았던
저 세 귀부인이 세례의 의식에 천 년 앞서
그 세례의 역할을 하였단다.(「천국」, 20, 121~129)

하여간 여기서 구원은 전적으로 하느님의 은총에 달려 있음이 강조되고 있다. '은총(grazia)'이란 단어는 118행에 나오는데, 118은 은총의 아들 단테의 이름을 대신하는 신비수(神祕數)로 제22곡 118행, 제24곡 118행에도 세 번 반복하여 나온다. 성 토마스는 『신학대전』(II-I, 111, 2)에서 은총을 둘로 구분한다. 인간의 의지는 하느님으로부터 움직여지지 않고서는 선으로 나아갈 수 없다. 이것이 '자력(自力) 은총(gratia operans)'이다. 그리고 이미 선으로 움직였다고 하더라도 하느님이 그 의지된 기능들을 지탱해 주지 않는다면 기능들을 명령해서 그 선을 이룰 수 없다. 이것이 '조력(助力) 은총(gratia cooperans)'이다. 아우구스티누스는 『은총과 자유의지에 관하여』(XVII)에서, 자력 은총을 선행 은총이라고 말한다. 이는 죄인이 회개하기 전에 받는 은총으로 하느님이 거저 주시는 은혜이다. 즉 하느님께서는 의지를 일으켜 주신다. 또 조력 은총을 그는 후행 은총이라고 불렀다. 이는 회개한 후 사람의 행위와 공동으로 작용하는 하느님의 힘이다. 즉 하느님께서는 일어난 의지가 완성되도록 협동하신다.

단테는 교황이 하느님의 의지를 대리하여 구원을 독점하

려는 생각을 타파한다.

오, 예정(豫定)이여, 그대의 뿌리는
제1원인을 보지 못하는 눈들에서
얼마나 멀리 떨어져 있는가!
그리고 너희 인간들이여, 판단하는 데
자제하라. 하느님을 뵙고 있는 우리도
선택받은 자들을 모두 알지 못하노라.(「천국」, 20, 130~135)

제19곡에서도 '그리스도교 진리에 접해보지 못한 사람들이 어떻게 벌을 받을 수 있는가?' 하고 물었듯이, 목성의 하늘은 하느님의 정의에 대한 끈질긴 물음을 위한 무대이다. 연옥 해안에 와 있는 자결한 카토 역시 아무리 파헤쳐도 알 수 없는 하느님의 예정의 표징이다. 또 이는 자유로운 시인 단테의 표징이기도 하다. 아무리 베르길리우스가 리페우스를 "모든 트로이 사람들 가운데서도 지극히 올곧고 몹시도 정의감이 강했습니다"라고 하였어도, 단테 외에는 아무도 리페우스를 천국에다 배치하지 않았을 것이다.

단테는 일곱째 하늘 토성천(土星天)에서 관상 수도자들인 엄률 카말돌리 수도회의 성 피에트로 다미아노와 서양 수도 생활의 아버지 성 베네딕도(Benedictus, 480~543)를 만난

후, 관상 생활을 상징하는 사다리를 올라 여덟째 하늘인 항성천(恒星天)의 쌍둥이자리로 들어간다. 쌍둥이자리로 들어감은 단테가 태어났을 때의 순수함의 회복을 뜻하며, 그 별자리 아래에서 태어났기에 시재(詩才)의 은총을 수여 받은 단테는 하느님께 감사를 드린다. 그리고 마지막으로 지나온 일곱 개의 천구와 멀리 저편에 있는 작은 우리의 지구를 본다.

나는 일곱 천구를 모두 하나하나 돌아보았다.

그리고 이 지구를 보았다.

그 비천한 모습에 나는 미소를 머금고 말았다.(「천국」, 22, 133~135)

28. 항성천(恒星天): 믿음의 덕(信德)

「천국」 편 제23곡이 그리스도와 마리아의 천국 개선을 묘사하고 있다면, 제24곡은 단테의 천국 개선을 위한 일보(一步) 전진을 묘사한다. 그것을 위해 단테는 자신이 대신덕을 온전히 갖추고 있음을 신망애 삼덕을 대표하는 사도들에게 증명해야만 했다.

먼저 천국 잔치에서(요한묵시록 19, 9) 하느님의 어린양 그리스도 예수가 주는 영적 양식으로 만족해 있는 사도들에게, 베아트리체는 단테도 그 지혜의 샘물에서 떨어지는 몇 방울의 이슬이라도 마시게 해달라고 부탁한다. 즉 비유는 이제 굶주림에서 목마름으로 이동한다. 그러자 원을 그리며 회전하고 있는 빛의 무리에서 사도 베드로가 나와 신학의 상징인 베아트리체 주위를 세 번 돈다. 이는 교회가 신학에 대해서 경의를 표하는 태도이다.

사도 베드로는 베아트리체의 청원을 받아들여 단테에게 믿음에 관한 시문(試問)을 행한다. 믿음이란 무엇인가? 단테 자신은 믿음을 가지고 있는가? 믿음의 내용과 믿음의 유래는 무엇인가? 등등.(그림 29) 이는 천국으로 들어가기 위한 입국 심사와도 같다. 단테에게 신망애 삼덕에 관해 묻는 세 사도는 예수의 거룩한 변모를 목격하는 특전을 받았던 사도들이다. 단테는 질문에 대해 성경, 철학, 신학, 체험을 압축하여 일반적이면서도 독창적인 대답을 한다.

"말해보라, 착한 그리스도 신자여, 의견을 밝혀보라.
믿음이란 무엇인가?" 나는 이 말이 흘러나오는
저 빛을 향하여 이마를 들었다.(「천국」, 24, 52~54)

단테는 하느님의 은총인 베아트리체를 바라보며 대답한다.

믿음이란 바라는 것들의 실체이며,
보이지 않는 것에 대한 증거입니다.
나는 이것이 믿음의 본질이라 여겨집니다.(「천국」, 24, 64~66)

단테가 믿음을 아무 의심도 없이 잘 간직하고 있다고 하자 사도 베드로는 "모든 덕성이 토대로 삼는/그 귀중한 보석

in quella luce onde spiraua q̃sto

은 어디에서 그대에게/왔는가?" 하고 묻는다. 단테는 하느님이 쓰신 성경이 그 신앙을 가져다주었다고 대답한다. 사도 베드로가 이어서 "그 성경을 그대는 왜 하느님의 말씀으로 여기는가?" 하고 묻자, 단테는 나에게 진리를 계시해 주는 증거는 성경과 관련된 기적들인데, "만약에 기적들이 없는데도 세상이/그리스도교를 향했다면, 그것이/백 배나 더 큰 기적이다"라고 대답한다. 이는 성 아우구스티누스가 『신국론』(22, 5)에서 말한 바 있다.

즉 사도 베드로는 지금의 교황들과 달리 가난하고 배고픈 채 포도나무(=교회)를 심으려고 밭에 들어갔다. 포교는 성공하였고 신앙은 온 세상에 퍼졌다. 그것은 참으로 기적이었다. 그것이야말로 교회가 받드는 성경이 하느님의 말씀이라는 것을 입증한다는 것이다. 그러자 천상 영혼들이 단테를 위해 사은(謝恩) 찬미가 〈테 데움(Te deum)〉을 합창한다. 이는 현재 성무일도에서 '독서 기도' 중에 바쳐진다.[41] 또한 감사의 기도를 바치는 큰 행사에 노래로 불린다. 첫 부분은 이러하다.

찬미하나이다 우리 천주여 (Te Deum laudamus) *

41 교회의 이름으로 교회와 함께 공적 직무로 바치는 전례 기도를 성무일도(聖務日禱, Divine Office)라고 한다. 아침과 저녁은 물론, 봉쇄 수도원에서는 오전 9시, 정오, 오후 3시, 취침 전, 한밤중에도 바친다. 이 가운데 밤중 기도를 '독서 기도'라 한다. 사순 시기가 아닌 주일, 대축일, 축일에는 제2독서와 응송 다음에 찬미가 〈테 데움〉을 바친다.

그림 29 〈믿음에 관해 묻는 사도 베드로〉, 베네치아 사본, 14세기 후반

주님이신 당신을 찬미하나이다.
영원하신 아버지를 *
온 세상이 삼가 받들어 모시나이다.
모든 천사 하늘들과 그 모든 능한 이들 †
케루빔과 세라핌이 *
끊임없이 목청을 높이어 노래 부르오니,
거룩하셔라 거룩하셔라 *
온 누리의 주 천주 거룩도 하시어라.

마지막으로 사도 베드로는 단테에게 "무엇을 믿는가?" 하고 묻는다. 단테의 대답은 '신앙 고백(Credo)'처럼 강력하다.[42]

나는 한 분이신 하느님을 믿습니다
유일하고 영원하신 하느님을. 움직임 없이
사랑과 뜻으로 온 하늘을 움직이시는 분을.(「천국」, 24, 130~132)

또한 나는 영원하신 삼위(三位)를 믿습니다.
복수와 단수를 동시에 허용하는

42 교회는 주일과 대축일 미사에서 「니케아-콘스탄티노폴리스 신경」을 노래하거나 낭송한다. 그리고 사순절과 부활절에는 「사도신경」(로마교회의 세례 신경)을 바친다.

하나이며 셋이신 본체를 믿습니다.(「천국」, 24, 139~141)

이 삼위일체 신비의 교리는 인간의 지성으로는 알 수 없다. 이 신비는 전적으로 성경을 통한 계시에 기초하기 때문이다. 그러기에 인간에게 신앙은 은총으로 주어진다. 이에 사도 베드로는 단테의 대답에 흡족해하며 단테 주위를 세 번 돌면서 축복한다. 단테는 신앙의 학교를 최우등(summa cum laude)으로 수료한다.

29. 항성천: 희망의 덕(望德)

단테는 고향 피렌체로 돌아가 세례당의 샘물 앞에서 시인으로서 월계관을 받게 될 날을 꿈꾼다.

만일 이 성스러운 시가
하늘과 땅이 도움을 주었으며
여러 해 동안 나를 야위게 했던 이 시가,
싸움을 거는 늑대들의 적으로서
어린양처럼 잠들어 있던 나를
우리 밖으로 몰아냈던 잔인함을 이긴다면,
예전과는 다른 목소리, 다른 양털을 지닌
시인으로 돌아가, 내가 세례받았던
샘물에서 월계관을 받을 것이다.(「천국」, 25, 1~9)

단테는 그의 생애 마지막까지 가슴 깊숙한 곳에 그토록 사랑했고 또 그토록 미워했던 고향 피렌체로 돌아갈 수 있을지도 모른다는 희망을 품고 있었다. 『향연』(1, 3, 4~5)에서 보듯이 그는 "돛도 없고 키도 없는 배였으며, 고통스러운 가난에 불어오는 메마른 바람에 이끌려 여러 항구와 포구들, 해변들로 옮겨 다녔다". 그는 피렌체로 돌아가 지친 영혼을 쉬게 하면서 남은 시간을 마무리하고 싶었다. 그리고 어느 날 자기의 위대한 시가 자기를 피렌체로부터 쫓아낸 그 잔인함을 이길 만한 명성을 되찾을 거라고 꿈꾸었다. '희극'으로서의 『신곡』은 이제 거의 10년간(1310~1320) 혼신의 힘을 다 쏟아 천국의 모습을 전하고 있기에 '성스러운 시'가 되었다.

사도 베드로가 나왔던 그 둥근 고리에서 다른 빛 하나가 두 사람을 향하여 나온다. 그 빛은 사도 야고보(44년 순교)의 빛이었다. 전승에 의하면 사도 야고보는 스페인에서 선교하였다. 나중에 예루살렘으로 돌아가 순교하였지만, 그의 몸은 기적처럼 갈리시아의 수도인 산티아고 데 콤포스텔라로 옮겨졌다. 835년 성인의 유해를 발견한 사람은 주교 테오도미르인데, 한 별이 주교를 그 장소(Campus stellae)로 인도하였다고 한다. 산티아고 데 콤포스텔라에 있는 사도 야고보의 무덤 순례는 중세에 로마 순례 다음으로 빈번하였다.

단테는 『새로운 인생』(40, 6~7)에서, 산티아고 데 콤포스텔라 순례자만을 엄격한 의미에서 '순례자(peregrini)'라고 부른다. 팔레스티나 순례를 기념하여 종려나무 가지(palma)를 가지고 오는 '종려 순례자(palmieri)'(「연옥」, 33, 77)나 로마 순례자들(romei)과 달리, 갈리시아 순례를 하는 사람들만이 '먼 길을 가는 순례자'라고 불리는 것이다. 최근 희망의 사도 야고보의 성지 산티아고 데 콤포스텔라 순례 붐이 다시 일어난 것은 그만큼 현대의 상황이 절망적이라는 것을 방증이라도 하는 것일까? 베아트리체는 사도 야고보에게 희망에 관하여 단테에게 물어보길 청한다. 사도 야고보는 희망을 상징하기 때문이다.

희망이 무엇인지, 그대 마음에서 어떻게
꽃피웠으며, 어디에서 왔는지 말해봐라.(「천국」, 25, 46~47)

희망이란 무엇인지, 그 덕을 어느 만큼 지니고 있는지, 그 덕을 어떻게 알게 되었는지를 묻는 사도 야고보에게 베아트리체가 두 번째 질문에 대해 대신 답변한다. 단테야말로 전투하는 지상교회에서 가장 큰 희망을 지닌 자이기에 산 채로 천국에까지 올라올 수 있었다는 것이다. 여기서 베아트리체가 대답을 대신하는 것은 단테에게 자기 자랑을 하지 않게 하고, 그녀 자신이 단테에게 희망을 주며 인도하고 있음을 분명히 하는 것이다. 단테는 희망이 무엇인지 페트루스 롬바르두스(Petrus Lombardus, ?~1164)의 『명제집』(3, 26, 1)을 인용하며 밝힌다.

> 희망이란 장래의 영광에 대한
> 확실한 기대입니다. 희망은 하느님의 은총과
> 앞선 공덕이 낳습니다.(「천국」, 25, 67~69)

그리고 그 희망을 가장 먼저 자신의 마음속에 심어준 것은 다윗이라고 말한다. 다윗은 「시편」(9, 11)에서 "당신 이름 아옵는 자 당신께 희망을 둡니다"라고 노래하였던 것이다. 또 희망을 심어주신 분은 바로 사도 야고보 당신이라고 말한다. 사도 야고보는 편지에서 "그러므로 형제 여러분, 주님께서 오실 때까지 참고 기다리십시오"(야고보서 5, 7)라고 하였다.[43]

사도 야고보는 단테에게 희망이 그대에게 무엇을 약속하고 있는지 말해보라고 한다. 단테는 「이사야서」와 「요한의 묵시록」을 근거로 최후의 심판 후 인류는 부활하여 영혼과 육체라는 두 겹의 옷을 입고 천국에서 지복(至福)을 누리게 된다고 말한다. 그러자 축복받은 영혼들의 무리는 만족하여, 〈당신께 희망을 둡니다(sperent in te)〉를 합창한다.

---

43 참고로 미사 경문 「공통 감사송 5」에는 대신덕이 다음과 같이 잘 표현되어 있다. "저희는 참된 사랑으로 그리스도의 죽음을 기념하고, 활기찬 믿음으로 그 부활을 고백하며, 한결같은 희망으로 영광스러운 재림을 기다리나이다."

이어서 사도 요한이 나타난다.(그림 30) 제자들은 사도 요한이 죽지 않고 육체를 가진 채 천국으로 올라갔다고 믿었다(요한 21, 22~23). 그 소문을 확인하고자 단테는 사도 요한의 빛을 주시하지만, 눈이 부셔 아무것도 보이지 않게 된다. 피렌체 산타 크로체 성당에 있는 조토의 프레스코화에서는, 사도 요한이 육신을 가지고 무덤에서 하느님에게로 비스듬히 올라간다. 그러나 사도 요한은 무덤에서 육신을 그대로 가지고 승천한 것은 예수 그리스도와 성모 마리아 둘뿐이라고 하며, 그 사실을 세상에 전하라고 명한다.

30. 항성천: 사랑의 덕(愛德)

그림 30 조반니 디 파올로, 〈사도 야고보와 사도 요한〉, 「천국」 편 삽화, 1445년경

흥미로운 것은 사랑에 관한 시험을 치르는 동안 단테의 시력은 꺼져 있다는 점이다. 보티첼리의 그림 〈봄〉에서 보듯이, 사랑의 여신 비너스의 아들 큐피드는 눈을 가린 채 사랑의 화살을 쏜다. 사랑하는 사람은 눈이 먼다는 말이 있듯이 전통적으로 사랑은 맹목(盲目)과 연관된다. 여기서 단테는 자신을 새로운 복음을 전하는 새로운 사도 바오로로 묘사하고 있는 듯하다. 사도 바오로가 부활한 그리스도를 보고 실명하였듯이(사도행전 9, 1~19), 자신도 사도 요한의 빛을 보고 실명하였다가 시력이 회복됨과 동시에 예언자로 변모하는 것이다. 이로써 그가 사도 바오로도 아니면서 산 채로 저승을 순례해야만 하는 필연성에 대한 명확한 대답이 주어진다.(그림 31)

여기서 사랑의 정의(定義)에 관한 물음은 없다. 이는 사

그림 31 산드로 보티첼리, 〈잠시 눈이 먼 단테〉, 1495년경

랑이 지성이 아니라 의지의 일이기 때문이다. 사도 요한은 단테에게 단지 무엇을 사랑하는지, 왜 사랑하는지만을 묻는다. 단테는 사랑이 일으키는 모든 감정은 하느님을 향해 있다는 점을 분명히 밝힌다. 그러자 사도 요한은 누가 그 사랑을 하느님에게로 향하게 했는지 묻는다. 단테는 철학적 논증과 성경의 계시에 의해 사랑의 눈이 열린다고 대답한다. 즉 모든 영원한 실체들의 최초 사랑을 삼단논법으로 단테에

게 증명해 주는 분은 『형이상학』의 저자 아스토텔레스이다(「천국」, 26, 37~39).

또 성경의 권위는 모세의 입을 통해 말한다. “내 모든 선의 모습을 네 앞으로 지나가게 하며, ‘야훼’라는 이름을 너에게 선포하리라. 나는 돌보고 싶은 자는 돌보아 주고, 가엾이 여기고 싶은 자는 가엾이 여긴다.”(출애굽기 33, 19) 또 사도 요한도 다른 복음서들을 능가하는 「요한의 복음서」, 즉 “천국의 신비를 지상에 외쳐주는 고귀한 포고문”을 시작하며 밝혀준다(「천국」, 26, 44~45). 그러자 사도 요한은 그분을 향하게 만드는 다른 것들은 무엇인지 묻는다.

그래서 나는 다시 말하기 시작했다. “사람의 마음을 하느님께
돌릴 수 있는 그러한 모든 깨묾이
나의 사랑에 합류하였습니다.
세상의 존재와 나의 존재를 위해,
내가 살도록 그분이 감내하신 죽음,
그리고 나와 마찬가지로 모든 신자의 희망이,
앞에서 내가 말한 생생한 인식과 함께
나를 그릇된 사랑의 바다에서 건져 올려
올바른 사랑의 해변에 두었기 때문입니다.”(「천국」, 26, 55~63)

단테가 구술 시문을 탈 없이 통과하자, 하늘에서는 마치 세라핌들이 주고받는 감미로운 노래처럼 "거룩하시도다(Sanctus)"가 울려 퍼진다(이사야 6, 3; 요한묵시록 4, 8).

그때 베아트리체의 시선을 받은 단테의 시력이 회복된다. 단테의 눈은 전보다 더 잘 보였고, 넷째 빛이 자기와 함께 있음을 알고 깜짝 놀란다. 그 빛은 아담의 빛이었다. 단테는 아담에게 자신의 의문에 대답해 달라고 청한다. ① 아담은 언제 창조되었는가? ② 아담은 에덴동산에 얼마나 오래 있었나? ③ 아담이 에덴동산에서 추방된 이유는 무엇인가? ④ 아담은 어떤 언어를 사용하고 있었나? 아담은 단테의 청을 받아들여 순서대로가 아니라 중요성의 순대로 대답한다. 즉 첫 번째 답변은 아담이 에덴동산에서 추방된 이유이다.

내 아들아, 나무 열매를 맛본 것 그 자체가
이 오랜 유배의 원인이 아니라,
다만 경계를 넘어선 것이 그 원인이었다.(「천국」, 26, 115~117)

아담의 죄의 실제적 본성은 식탐이 아니라 하느님이 정하신 금을 넘어선 것(il traspassar del segno), 곧 교만이 일으킨 불순종이었다. 두 번째 답변은 아담은 언제 창조되었는가에 관한 것이다. 아담은 지상에서 930년을 살았고, 림보에서는

4,302년간 머물렀다. 그리고 지금이 1300년이니 그가 창조된 것은 6,498년 전 일이다. 단테는 세 사도와 대면 후 무려 6,500년 정도를 기다린 아담을 만나는데 아담이야말로 하느님의 용서와 자비의 상징이기 때문이다.

다음 답변은 아담의 언어에 관한 것이다. 첫 인간이 발명하고 말한 언어는 바벨탑 이전에 소멸했다. 인간이 이성으로 만들어 낸 것은 그것이 히브리어든, 그리스어든, 라틴어든 불멸이 아니기 때문이다. 어떤 언어를 사용하는가는 인간이 원하는 대로 변화한다. 그리하여 단테는 자신이 속어로 예언하는 것을 정당화한다. 마지막 답변은 아담이 에덴동산에 얼마나 오래 머물렀는가에 관한 것이다. 아담은 여섯 시간만 지상낙원에 있었다(「천국」, 26, 139~142).

「천국」 편 제26곡에 등장하는, 하느님이 정하신 금을 넘어서는 교만의 죄를 범한 아담이 「지옥」 편 제26곡의 오디세우스를 상기시킨다면, 「연옥」 편 제26곡에 등장하는, 사랑을 노래하는 귀도 귀니첼리와 아르노 다니엘은 과거의 죄인인 단테를 상기시킨다.

31. 원동천(原動天): 천사론

항성천에서 단테가 모든 시험을 마치자 온 천국이 〈영광송〉, "영광이 성부와 성자와 성령께"(「천국」, 27, 1~2)를 감미롭게 노래한다. 성부의 존재를 믿고, 성자의 재림에 희망을 두며, 성령의 사랑에 응답하면서, 하느님을 향해 성공적으로 나아가는 순례자 단테에 대해 모든 개선한 영혼들이 기쁨을 방출하는 모습은 단테에게 마치 우주의 미소처럼 보였다.

빛의 무리가 승천하여 모습이 사라진 후, 베아트리체는 단테에게 명하여 다시 한번 작은 지구를 뒤돌아보게 한다. 이는 인간세계에 직접 영향을 주는 물리적 우주 공간을 벗어나, 순수하게 비물질적이고 신적인 세계로 들어가기 위한 이별의 순간이다. 이제 두 사람은 아홉째 하늘인 원동천으로 오른다. 베아트리체는 원동천의 제 특성을 설명한 후, 이 천상으로 눈길을 향하지 않고 정도(正道)를 벗어나 있는 인간들을 꾸짖는다. 그렇기에 이마미치는 『신곡』의 중심 사상은 "믿음과 순수함의 길을 벗어난 인류의 세계 미화(美化)로의 방향 전환을 기도한 「천국」 편에 있다"고 말한다.[44]

마침내 오랫동안 기다리던 폭풍우가
고물을 이물이 있는 쪽으로 돌릴 것이다.
이리하여 함대는 똑바로 달려
꽃이 핀 뒤에 좋은 열매를 맺으리라.(「천국」, 27, 145~148)

원동천은 "빛과 사랑만으로 경계를 이루는 천사들의 놀라운 성전"(「천국」 28, 52~53)이다. 천사들의 합창대는 〈호산나(Hosanna)〉를 노래한다. 베아트리체는 단테에게 천사들의 아홉 품계(品階)를 설명한다. 단테는 『향연』(2. 5)에서는 대 그레고리오 교황의 설을 따랐다. 하지만 『신곡』에서는 디오니시오스 아레오파기테스(Dionysios Areopagites, ?~533)의 『천상 위계론』을 따르며 이전의 설을 수정한다. 아레오파고스 의회 의원인 디오니시오스(사도행전 17, 34)가 천국을 다녀온 성 바오로의 말을 직접 듣고 책을 썼다는 전설을 믿기 때문이다. '새로운 바오로'로서 예언자 시인이 된 단테에게 성 바오로의 권위에 기초하여 천사의 품계를 말하는 것은 중요

44 이마미치 도모노부, 『단테 〈신곡〉 강의』, 538~547쪽.

했다. 신플라톤주의자답게 디오니시오스는 천사들의 품계를 크게 셋으로, 그리고 그 셋을 다시 작게 셋으로 나눈다. 제1품계는 치품(熾品)천사 세라핌, 지품(智品)천사 케루빔, 좌품(座品)천사로 이루어지고, 제2품계는 주품(主品)천사, 역품(力品)천사, 능품(能品)천사로 이루어지며, 제3품계는 권품(權品)천사, 대천사, 천사로 이루어진다.[45]

성 토마스는 『신학대전』(I, 108, 5)에서, 9품 천사들에게 다음과 같은 기능들을 귀속시킨다. 세라핌-사랑, 케루빔-시력, 좌품천사-보유, 주품천사-명령, 역품천사-실행, 능품천사-판단, 권품천사-나라들의 지도, 대천사-우두머리들의 지도, 천사-개인들의 지도. 무엇보다도 천사들의 품계는 서로를 하느님께 이끌어 주기 위하여 존재하는 것이다.[46]

이 품계들은 모두 위를 우러러보고
또한 아래보다 우월하기에 하느님을 향해
모두가 이끌고 또한 이끌리고 있지요.(「천국」, 28, 127~129)

베아트리체는 묻지 않고도 이미 단테의 질문들을 알고

---

45 이사야 6, 1~7; 창세기 3, 24; 에페소 1, 21; 골로사이 1, 16 참조.

46 '천사도 말을 하는가?'라는 물음에 대해 이나가키 료스케(稲垣良典)는 그의 『천사론』에서, 상위 천사는 조명(照明)이라는 형태로, 하위 천사는 호소(呼訴)라는 형태로 이루어진 언어 활동을 한다고 말한다. 즉 천사들의 사회는 가르치고 배우는 일을 축으로 해서 맺어진 학습사회(the learning society)라는 것이다. 이나가키 료스케, 김산춘 옮김, 『천사론』, 성바오로, 1999, 100쪽, 177쪽 참조.

있었다. 그녀는 모든 시간과 장소가 모이는 곳을 보고 있기 때문이다(「천국」, 29, 11~12). 단테의 의문은 천사들이 언제, 어디서, 어떻게 창조되었는가, 그리고 악의 근원인 반역 천사 루치페로는 언제 하늘에서 떨어졌나 하는 점이다.

성 토마스는 『신학대전』 서두에서 하느님과 창조에 뒤이어 천사를 다루고 있는데, 시로 쓴 『신학대전』인 단테의 『신곡』은 거의 끝부분에서 천사를 다루고 있다. 영원한 사랑이신 하느님은 영원함 속에서 순수한 사랑으로 천사들을 각각 개체로 당신의 사랑에 응답하도록 창조하셨다(「천국」, 29, 16~18).

형상인 천사들은 형상과 질료로 된 우주와 질료인 4원소와 동시에 창조되었다. 천사들은 우주의 일부이다. 그들은 다른 피조물과 함께 우주의 선을 이룬다. 그러므로 다른 피조물에 앞서서 천사들이 창조되었다고 말하는 것은 잘못이다. 「창세기」(1, 1)는 "한처음에 하느님께서 하늘과 땅을 창조하셨다"고 말하며, 「집회서」(18, 1) 또한 "영원히 살아 계시는 분께서 만물을 함께〔동시에〕 창조하셨다"라고 증언한다. 이에 근거하여 성 토마스도 『신학대전』(I, 61, 3)에서 "천사들은 우주와 함께 창조되었지 우주 창조 이전에 창조된 것은 아니다"라는 점을 분명히 하고 있다.

하느님께서 피조물을 창조하신 것은 자신의 선하심에 무언가를 보태기 위함이 아니다. 그분은 전선(全善)이시기에 보탤 것이 없다. 그분은 피조물이 자신의 선 안에 함께하길 원하신 것이다. 그러므로 성 토마스는 『대 이교도 대전』(Ⅱ, 46)에서, “창조는 그분 사랑의 넘침, 개방”이라고 말한다.[47] 세계는 바로 하느님의 이 은혜로운 무상성(無償性) 위에 기초하고 있다는 것이다. 그 덕분에 하느님의 반사된 빛(splendor)인 피조물은 “나는 존재한다(Subsisto)”고 말할 수 있다(「천국」, 29, 15).

신체를 가지지 않은 천사는 천지창조 때에 지고천에서 순수한 지성 혹은 형상(形相)으로서 창조되었다. 여기서 베아트리체는 계시에서 이성, 즉 스콜라신학으로 이동한다. 또한 단테는 『향연』(2, 5, 12)에서, 아마 모든 천사들의 10분의 1 정도에 해당하는 반역 천사들은 창조되자마자 곧바로 “스물까지 헤아리기도 전에”(29, 49) 하느님께 반역하여 지구의 중심에 갇혔다고 말한다.(그림 32) 그리고 그 상실된 자리를 메우기 위해 인간이 창조되었다고 말한다.

영광의 빛을 받기를 기다리던 천사들만이 은총을 받았다. 그들의 공덕은 바로 겸손과 그 영광의 빛을 주시는 주님을 기다린 것이었다.

그림 32 조반니 디 파올로, 〈반역 천사들의 추락〉, 「천국」 편 삽화, 1445년경

47 한편 시몬 베유(Simone Weil, 1909~1943)는 “창조는 하느님의 자기 확장이 아니라 오히려 자기 축소, 자기 포기, 자기 부정”이라고 말한다.

32. 지고천(至高天): 마지막 안내인 성 베르나르도

원동천 천사의 화륜(火輪)의 빛이 약해지자, 단테는 숭고할 만큼 아름다운 베아트리체와 함께 열 번째 하늘인 지고천 안으로 들어간다. 지고천은 물리적 우주와는 완전히 다르다. 자연의 법칙에서 벗어나 있으며, 시간도 공간도 존재하지 않는다. 다만 하느님의 빛으로 가득 차 있을 뿐이다. '지고천(empyrean)'이란 단어 안에는 불을 뜻하는 그리스어 'pyr'가 들어 있다. 불과 빛으로 이루어진 이곳을 고대인들은 정화천(淨火天)이라고도 불렀다.

우리는 가장 큰 별에서 나와
순수한 빛의 하늘로 들어갔으니
사랑으로 가득한 지성의 빛이요,
기쁨으로 가득한 진실한 선의 사랑이며,

모든 달콤함을 초월한 기쁨이지요.(「천국」, 30, 38~42)

빛과 사랑과 기쁨의 순서에서 먼저 지성의 빛은 봄을 강조한다. 그리고 의지인 사랑이 그 봄을 이어 나온다. 그리고 기쁨은 보고자 하는 지적 욕구와 그 봄의 결과인 사랑의 충족이다. 이리하여 삼합(三合)이 완성된다.

나는 놀라운 봄의 정경으로 채색된
두 기슭 사이로 눈부시게 흐르는
강의 모습을 한 빛을 보았다.
이 강물로부터 생생한 불꽃들이 튀어나와
온 사방의 꽃들 사이로 떨어졌는데
양 기슭에서 꽃들 안으로 뛰어들자
마치 황금으로 에워싸인 홍옥 같았다.(「천국」, 30, 61~66)

여기서 꽃들은 복된 영혼들이며 불꽃들은 그들을 섬기는 천사들이다. 천사들이 홍옥(ruby) 같은 것은 그들이 사랑의 전달자들이기 때문이다. 이 보석 같은 봄 풍경은 참모습의 희미한 서두(vero umbriferi prefazi)이다.

강물도, 들어갔다가는 나오는
황옥도, 풀꽃의 미소도

그들 참모습의 어렴풋한 서두입니다.(「천국」, 30, 76~78)

아기가 젖을 무는 것처럼, 단테의 눈이 은총의 상징인 그 영광의 빛의 물결을 마시자마자 처음에는 기다랗게 보이던 물결이 둥글게 보인다. 하느님의 빛은 이제 수평에서 수직으로, 아래로 흘러내리는 빛이 된다. 단테는 환시 안에서 시간에서 영원으로 이동한다. 아래로 흘러내리던 빛이 커다란 원이 된다. 강이 시간의 상징이라면 원은 영원의 상징이다.(그림 33)

내 앞에서 꽃들과 불꽃들은
성대한 축제로 변했고, 이리하여 나는
하늘의 두 궁전이 모습을 드러내는 것을 보았다.
오, 하느님의 빛이여, 당신 덕분에 나는
진정한 왕국의 숭고한 승리를 보았습니다.
그러니 내가 본 그대로 전할 힘을 주소서.(「천국」, 30, 94~99)

여기서 95, 97, 99행은 "보았다(vidi)"라는 3중의 각운(脚韻)을 수반한다. 단테는 이제 무사이들이 아니라 하느님의 빛 자체에게 힘을 달라고 청한다. 단테는 여태껏 그랬던 것처럼 복자들을 광채(光彩)로 보는 것이 아니라 하얀 옷 안에

그림 33 〈빛의 강〉, 에밀리아(혹은 파도바) 사본, 1340년경

서, 그들의 영광스럽게 된 몸(the glorified bodies) 안에서 본다 (요한묵시록 3, 5; 7, 9; 7, 13). 이는 최후의 심판 때의 모습이다. 그리고 이 모습은 성 베네딕도가 그에게 약속한 것이다.

> 형제여, 그대의 높은 소원은
> 마지막 하늘에서 이루어질 것이오(s'adempierà).
> 거기서는 나와 다른 모든 사람의 소망도 이루어졌소 (s'adempion). (「천국」, 22, 61~63)

성 베네딕도의 대답에서 반복되는 동사들은 그 안에 지고천(Empireo)을 담고 있다.

중앙의 빛을 에워싸고 천사의 무리와 축복받은 이들의

무리가 장미꽃처럼 원을 이루어 퍼져 있다. 이 장미는 원형극장 같은 형태를 하고 있다. 베아트리체는 단테를 그 꽃의 노란 심(芯) 부분으로 데리고 들어가 천국의 도시와 황제 하인리히 7세가 머잖아 차지할 자리를 가리킨다.

처음에 교황 클레멘스 5세는 교황청을 프랑스로부터 독립시키고자 하인리히 7세의 황제 대관식을 감행하려 했으나, 그 의도를 알아챈 프랑스 때문에 포기하였다. 황제는 1312년 교황 결석하에 로마에서 대관식을 치렀다. 이에 교황은 황제를 파문하였다. 황제가 1313년 나폴리 원정 중 급사하자 단테의 희망은 물거품이 되었다. 이러한 정치적 패배에도 불구하고 단테가 황제를 지고천에 배치하는 것은 자신이 최종 승리자임을 확인하는 것이다.

축복받은 영혼들이 새하얀 장미의 형태로 하느님을 에워싸고 있다. 장미는 종종 그리스도 수난의 상징으로 사용되었다. 사순 제4주일에 교황은 황금 장미를 축복하였는데, 그것은 이 꽃으로 그리스도와 천국을 연상시키는 의식이었다. 13세기에 장미는 지상적 사랑의 상징으로 친숙한 것이었다. 단테의 하얀 장미는 천상적 사랑을 상징하고 있다. 로마 콜로세움의 광경이 천국은 커다란 원형극장이라는 단테의 생각에 영향을 주었을 것이다. 장미의 형상은 집회를 주재하는 마리아에게 드리는 경의이기도 하다. 그 장미와 하느님

사이를, 벌이 꽃과 벌집 사이를 왕래하듯이 천사들이 하느님의 두 가지 속성, 즉 영광과 선을 보면서 전령처럼 날아다닌다. 「천국」 편의 서두는 하느님의 완전함과 위대함인 영광으로 시작되고, 그 끝은 피조물을 향한 사랑으로 마무리된다. 천사들은 선을 보면서 사랑과 평화를 영혼들에게 나누어주는 것이다. 단테는 하느님에게 지상의 참상을 탄원한다. 그러고는 놀라움과 기쁨 사이에서 멍하니 주위를 둘러본다.

> 나는 인간 세상에서 하느님 세상으로 왔고,
> 시간에서 영원으로 왔고,
> 또한 피렌체에서 의롭고 건전한 백성 안으로 왔으니
> 얼마나 큰 놀라움으로 가득 찼겠는가!(「천국」, 31, 37~40)

단테는 마지막으로 가장 비통하게 피렌체에 대해 악담한다. 그러고는 마치 지상의 순례자처럼 자기가 본 놀라운 광경을 지상에 내려가 전하고 싶어 한다.

정신을 차리자 베아트리체의 모습은 사라졌다. 대신 하얀 옷을 입은 자애롭고 경건한 몸가짐의 한 원로(元老)가 보였다. 클레르보의 대수도원장 성 베르나르도였다. 베아트리체를 찾는 단테에게 그는 최고 높은 계단으로부터 제3열을 바라보라고 알려준다. 마리아의 자리는 제1열에, 하와의 자리는 제2열에, 라헬의 자리는 제3열에 있었는데 베아트리체가 그 옆에 있었다. 관상과 계시가 나란히 앉아 있는 것이다. 3이라는 숫자는 9라는 숫자와 함께 항상 신비스럽게 베아트리체와 관련된다. 단테는 자신의 전 여정을 되돌아보며 그녀에게 찬가를 바친다.

> 오, 내 희망에 힘을 주고
> 나를 구하기 위해 지옥에 발자취를 남기는 일도
> 감내했던 귀부인이여.(「천국」, 31, 79~81)

> 그대는 그대가 할 수 있었던
> 그 모든 수단, 모든 방법을 통하여
> 나를 종에서 자유로 이끌어 주셨습니다.(「천국」, 31, 85~87)

저 멀리 위 영광의 자기 자리로 복귀한 베아트리체에게 단테가 감사의 말을 전하자, 베아트리체는 미소를 지으며 고개를 끄덕인다. 이제까지 예외 없이 단테는 베아트리체에게 경어인 복수 2인칭(voi)을 써왔다. 그러나 지금은 평어인 단수 2인칭(tu)을 사용하고 있다. 이는 그녀가 더 이상 안내자가 아니라는 뜻이다. 그녀는 지금 복자들 사이에 자기 자리를 갖고 있다. 그녀는 이제 개인적인 역사적인 등장인물로 보인다. 혹은 그녀는 영원한 지복 안에 자리한 불사의 개인 영혼으로 보인다. 그녀가 그리스도와 유사한 점은 지옥의 림보에까지 내려갔다는 것이다(「지옥」, 4, 52~63). 그녀는 단테를 죄의 종에서 의로움의 종으로 이끌었다. "죄의 종이 되어 죽는 사람도 있고 하느님께 순종하는 종이 되어 하느님과 올바른 관계를 가지게 되는 사람도 있다는 말입니다."(로마서 6, 16) "이제는 여러분이 죄에서 해방되어 하느님의 종이 되었습니다. 그 결과로 여러분은 거룩한 사람이 되었고 마침내 영원한 생명을 누리게 되었습니다."(로마서, 6, 22) 성 토마스는 『신학대전』(II-II, 183, 4)에서 다음과 같이 말한다.

"영적인 일에 있어서는 이중의 노예 상태와 이중의 자유가 있다. 즉 죄의 종과 의로움의 종이 있다. 마찬가지로 죄로부터의 자유와 의로움으로부터의 자유가 있다."

이에 비추어 보면 『신곡』 전체는 그 중심 주제가 자유의 획득이기도 하다. 그리고 자유란 하느님의 의지에 온전히 순종하는 것이다.

여기서 새로이 안내자로 나타난 성 베르나르도는 특히 『성모의 가수(歌手)』에서 동정 마리아에 대한 숭경(崇敬)을 보여준다. 그가 제자인 교황 에우제니오 3세(Eugenius Ⅲ, 재위 1145~1153)를 위해 쓴 『숙려(熟慮)에 관하여』는 관상(觀想)에 관한 저작으로 단테에게도 큰 영향을 주었다. 왜 천국의 마지막 안내인은 성 베르나르도가 되었을까? 그에게는 두 가지 자격이 있었다. 하나는 성 베르나르도 자신의 특별하고도 강렬한 마리아 신심이다. 성인은 어려운 상황일수록 "별을 보고 마리아를 부르자(Respice stellam, Voca Mariam)"고 말한다. 다른 하나는 신비적 관상에 바쳐진 자로서의 그의 명성이다. 특히 그는 하느님께 향하는 정신의 정감적(affective) 운동을 강조한다. 이는 뒤에 프란치스코회의 신심으로 이어졌다. 성인은 『아가(雅歌)에 관하여』(23, 15~16)에서, 자신은 관상 안에서 천국의 평화를 미리 맛보았다(Gustò)고도 말한다. 성 베르나르도는 신학적 체험을 에로틱하게 언어화한다. 그러나 단테는 에로틱한 체험을 신학화한다. 단테의 스콜라적 지성에로의 투신과 사유가 사랑을 앞선다는 주장은 성 베르나르도의 현존으로 균형을 잡는다.

"하느님이 사람이 되신 것은 다른 방식으로는 사랑할 수 없는 육적인 인간의 정감들을 탈환하기 위해서이다. 먼저 그들을 그 자신의 인성에 대한 구원적 사랑으로 이끄심으로써. 그리고 점차적으로 그들을 영적인 사랑으로 고양시키기 위함이다."(『아가에 관하여』, 20)

단테는 성인과 함께 눈을 들어 하늘의 여왕께서 앉아 계시는 곳을 본다. 마리아의 옥좌가 놓인 곳은 지상에서는 해가 뜨는 곳이다. 모든 중세의 대성당들은 기도를 드리는 동쪽을 향하고 있다. 사실 중세 지도에는 동쪽이 북쪽 "위에" 있다. 단테의 눈은 그 동쪽 산꼭대기로 올라간다. 그곳은 바로 순례자가 저승 편력을 시작하기 전 바라보았던 곳이다

(「지옥」, 1, 16~18). 그곳에서 마리아는 숭경을 표하는 수천의 천사들과 함께 대 원형극장의 지평선에 떠오르는 태양처럼 계신다.

이제 스승의 임무를 맡은 성 베르나르도는 지고천에 있는 복자들의 자리 배치를 설명한다. 성모 마리아는 종종 하와의 상대 역할로 제시된다. 즉 성모 마리아는 "은총이 가득하신 마리아여 기뻐하소서(Ave Maria gratia plena)"라는 말로 천사에게 인사를 받는데, 'Ave'는 'Eva(하와)'의 뒤집기다. 성 베르나르도는 마리아를 장미꽃으로, 하와를 그 가시로 비유한다. 성모 마리아의 줄에는 일곱 명의 히브리 여인들의 이름이 나온다. 이미 보았듯이 제3열에는 관상을 뜻하는 라헬과 베아트리체가 있다. 이 숫자가 의미 있는 것은 단테에게 은총의 첫 전달이 있었기 때문이다. 은총은 성모 마리아에게서 루치아에게 그리고 루치아에게서 다시 베아트리체에게 전달되었다(「지옥」, 2, 94~114). 일곱 명의 히브리 여인들은 성모 마리아의 왼편에 있는 구약시대의 성인들과 오른편에 있는 신약시대의 성인들을 벽처럼 가르면서 동시에 접착제처럼 붙이는 역할을 하고 있다. 왼편은 이미 빈자리가 없으며, 오른편도 이제 중간만 약간 비어 있을 뿐이다.

꽃 가운데서도 꽃잎으로 온통 뒤덮여 있는

이쪽 편에 앉아 있는 것은
앞으로 오실 그리스도를 믿었던 사람들이고,
다른 편 빈자리로 틈이 벌어져 있는
반원 쪽에 앉아 있는 것은
이미 오신 그리스도를 향해 얼굴을 돌린 사람들이다.(「천국」, 32, 22~27)

성모 마리아의 맞은편에는 세례자 요한이 있고, 그 줄 아래에는 성 프란치스코, 성 베네딕도, 성 아우구스티노가 앉아 있다. 흥미로운 것은 성 프란치스코(「천국」 11, 43~117)가 성 베네딕도(「천국」, 22, 28~98)보다 서열이 높고, 성 베네딕도가 성 아우구스티노(「천국」, 10, 120)보다 서열이 높다는 것이다. 이는 그들을 묘사한 시행의 길이에 따른 것처럼 보인다. 또 성모 마리아의 왼편에는 그리스도 이전의 아이들이, 오른편에는 그리스도 이후에 세례받은 아이들이 있다. 아담에서 아브라함 시대까지는, 부모들이 장차 올 그리스도를 믿는 것만으로도 아이들이 구원을 받았다. 그러나 하느님이 아브라함과 계약을 맺은 다음에는 남자아이들은 할례를 받아야 했다. 아담의 원죄가 남자를 통해서 이어졌기 때문이다. 그러나 그리스도가 지상에 도래한 이후에는 세례를 받지 못한 아이들은 림보에 머무른다. 그리고 마리아의 바로 왼편에는 아담이, 오른편에는 성 베드로가 앉아 있다.

여왕님 바로 곁에 있기에
윗자리에서 가장 행복하게 앉아 있는 저 두 사람은
이 장미의 두 뿌리와도 같으니,
그녀의 왼쪽에 있는 분은
자신의 주제넘은 입맛으로
인류에게 아주 쓴 맛을 보게 한 아버지이고,
그 오른쪽에는 거룩한 교회의
나이 든 아버지가 있으니, 그리스도께서 그분에게
이 아름다운 꽃의 열쇠를 맡기셨지.(「천국」, 32, 118~126)

분명히 왼편은 오른편보다 덜 명예로운 자리이다. 사도 베드로의 맞은편에는 성모 마리아의 어머니 성녀 안나가 있다. 세례자 요한의 오른편으로 명예로운 자리이다. 그녀의 자리는 사도 베드로가 성모 마리아의 오른편에 앉아 있는 것과 상응한다. 성녀 안나는 눈을 들어 하느님을 직관하는 기쁨 대신 자기 딸만을 바라보며 만족한다. 또한 아담의 맞은편에는 성녀 루치아가 있다. 「지옥」 편의 서두에서 마리아-루치아-베아트리체로 이어가던 끈이, 「천국」 편 끝에서 베아트리체-루치아-마리아로 되돌아오며 완전한 원을 이룬다.

복자들과 천사들은 영원함 안에서 하느님을 직관하는 특권을 받았다. 그러나 인간은 영광의 빛을 통해서 순간적으

로만 그러한 체험을 할 수 있다(시편 36, 9).[48]

동방교회가 독자적인 하느님 체험으로 발전시킨 주제 가운데 하나는 '타볼산에서의 주님의 거룩한 변모'(마태오 17, 1~8; 마르코 9, 2~8; 루가 9, 28~36)이다. 사실 베드로, 야고보, 요한 세 사도는 주님의 거룩한 변모를 목격하긴 하였지만, 그것은 아주 짧은 순간이었다. 이 에피소드에서 동방 교부들을 관상으로 이끈 것은 '빛에 싸인 영광의 그리스도'의 모습이다. 아르바(G. Harba)는 사실 성경이 전하고 싶었던 것은 주님의 변모가 아니라 오히려 제자들의 변모였다고 말한다. 엄밀히 말하면 제자들이 본 것이 아니라 제자들에게 주님의 변모가 보인 것이다. 그리고 그 보임은 빛 안에서 일어났다. 빛의 관상이란 일치이다. 또 빛과의 일치는 하느님을 보는 것이다. 본다는 것은 빛이 되는 것, 보이는 것과 닮는 것이다. 그러므로 동방교회 헤시카즘(hesychasm)[49]의 이론적 완성자인 그레고리오스 팔라마스(Gregorios Palamas, 1296~1359)는 빛을 통하여 빛을 보았다고 말한다. 성령의 활동에 의해

---

48 불가타 성경 시편 35, 10. "우리는 당신 빛으로 빛을 보옵나이다(in lumine tuo videbimus lumen)."

49 헤시카즘이란 '정밀(靜謐)', '평안'을 뜻하는 그리스어 '헤시키아(hesychia)'에서 유래하는 말로서 주로 관상을 통해 하느님과의 일치 안에서 인간의 완성을 보는 영적 수행의 체계를 일컫는다. 수행자들은 '예수 기도'를 끊임없이 외움으로써 완전한 정신 집중을 이루어 마음의 평안을 얻으면 그것으로 '타볼산의 빛'(마태오 17, 5)에 감싸여 하느님을 직관하게 된다고 믿었다. 4세기경 사막의 교부 마카리오스에게서 연원하는 이 영적 운동은 14세기 당시 아토스 산 수도원에서 대대적으로 성행하였다.

보는 자(인간)와 보이는 자(하느님)는 같은 것이 된다.[50]

「천국」 편 제32곡, 곧 『신곡』 제99곡의 마지막 말은 기도(orazione)이다. 그리고 그 마지막 행은 제151행이다. 그것은 1+5+1, 즉 7이라는 숫자를 나타낸다. 7이라는 숫자는 전체 구조의 중심에서 발견되는 숫자다. 즉 『신곡』의 한가운데는 「연옥」 편 제17곡 125행인데 전체로 보면 제7,117행이 된다.

50 김산춘, 『감각과 초월』, 분도출판사, 2003, 149~150쪽.

33. 지고천: 지복직관(至福直觀)

성 베르나르도는 성모 마리아를 찬미하며 단테에게 하느님을 직접 볼 수 있는 은혜를 내려주시길 기도한다.

> 동정녀 어머니여, 당신 아들의 따님이여,
> 어느 피조물보다도 겸손하시나 가장 높으신 분
> 영원하신 뜻이 확정된 과녁이시여.(「천국」, 33, 1~3)

성 베르나르도의 기도는 특히 대조법 안에서, 즉 '하느님의 어머니이신 동정녀(Dei genitrix Virgo)' '당신을 창조하신 분을 낳으셨나이다(genuisti qui te fecit)'와 같은 전례용 문체에 속하는 특수 용어를 사용하고 있다. 마리아는 피조물 가운데 가장 겸손하신 분이시기에(루가 1, 46~49; 「연옥」, 10, 34~45) 가장 높으신 분이 되었다. 또한 하느님의 섭리 안에서 비천하나 영원으로부터 고귀한 역할을 위해 선발되셨다. 천상 장미 안에서 성모 마리아의 옥좌는 그녀와 함께 기원전(B.C.)이 끝나고 기원후(A.D.)가 시작되었다는 사실을 강조한다.

인간 본성의 창조주께서는 자신을 '사람의 아들'로 만드는 것에 대하여 부당하다고 여기지 않으셨다. 그것은 단테가 『향연』(4, 5, 5)에서 말하듯 "하늘의 왕께서 들어가셔야 할 거처도 역시 가장 깨끗하고 순수해야 했기 때문에, 가장 성스러운 혈통이 정해졌고, 거기에서 덕성 있는 수많은 후손들 이후에 다른 모든 여자들보다 최고의 여인이 탄생하였으며, 그녀가 하느님의 아들의 침실이 되도록 정해졌다. 그 혈통은 바로 다윗의 혈통이었고, 거기에서 인류의 자부심이자 영광, 말하자면 마리아가 태어났기" 때문이다.

귀부인이시여, 당신은 위대하시고 이토록 도움이 되시니
은총을 바라면서 당신께 달려가지 않는 자는
날개 없이 날아보려 함과 같습니다.
당신의 인자하심은 애원하는 자를 구하려
달려가실 뿐만 아니라, 종종
애원도 하기 전에 앞서 오십니다.(「천국」, 33, 13~18)

'귀부인(Donna)'은 라틴어 '왕후(Domina)'에서 온 말로

"하늘의 여왕(Regina caeli)"을 지칭한다. 우리는 「지옥」 편 서두에서 주인공 단테가 홀로 분투하다 세 짐승 앞에서 물러섬을 보았다. 단테는 성모 마리아에게 기도하지 않았다. 다만 나중에 성모 마리아가 곤경에 빠진 자신을 위해 주선해 주었음을 알게 된다. 그래서 천상에서 내려진 준엄한 심판이 깨졌던 것이다(「지옥」, 2, 96).

지금 이자는, 우주의 가장 낮은 구덩이에서
여기까지 오면서 숱한 영혼들의 삶을
하나하나 살펴보면서 이르렀습니다.
당신께 은총을 주십사 비오니,
마지막 구원을 향하여
더욱 높이 눈을 들어 올릴 수 있는 큰 힘을 주십시오.(「천국」, 33, 22~27)

여기서 '구덩이(lacuna)'는 지구의 중심에 있는 지옥의 구덩이를 말한다. 그런데 지금 성 베르나르도와 단테는 장미의 노란 중심 안에, 원형극장의 무대 위에 서 있다.

예전에 성 바오로는 자기가 본 것에 대해 아무런 보고도 할 수 없다고 고백하였다. 반면에 시인 단테는 지금 독자에게 설령 그것이 어렵고 힘든 일이더라도 자신의 최종 체험을, 즉 탈혼 상태 안에서(in raptu) 얼굴과 얼굴을 마주하고 하느님을 바라보는 그의 체험을 전하려고 한다.

당신의 기도로
그에게 깃들인 죽음의 모든 구름을 흩으시고
최상의 기쁨이 그에게 드러나게 하소서.(「천국」, 33, 31~33)

보에티우스도 『철학의 위안』 제3권 시 9에서 "또한 우리에게서 속세의 구름을 벗기사/이 세상 괴롭고 무거운 짐을 덜어주시며/당신 빛으로 우리를 비춰주소서."라고 노래하였다. 성 베르나르도가 여기서 "구름(nube)"이라고 말하는 것과 정확히 조응하고 있다. 구름은 모든 지상적 장애물을 의미한다. 살아 있는 인간은 그의 죽을 수밖에 없는 상태에 내재한 구름을, 하느님의 얼굴을 맞대고 보는 이 최상의 체험으로 가져온다. 이러한 자욱한 구름은 떨어내야 한다. 그리스도 예수가 구름 사이로 얼굴을 쏙 내민 태양 같다면, 마리아는 보름달과도 같다.

당신의 보호는 인간의 충동을 이깁니다.
보십시오, 베아트리체와 모든 복자들이
제 기도를 위해 당신께 손을 모으고 있습니다.(「천국」, 33, 37~39)

『신곡』에서 베아트리체의 이름이 마지막으로 언급된다. 모든 복자들이 손을 모으고 있는 이 인상 깊은 장면에서 그녀를 따로 부름은 그녀에게 바치는 궁극의 찬사이다. 젊은 시절 단테는 『새로운 인생』(26, 6)에서 그를 하느님께 인도하던 "지상의 기적"으로 그녀를 그렸다.

최종 성취를 위해 분투하고 있는 영혼을 돕기 위해 은총이 위로부터 내려온다. 그리고 시는 초점의 가장 단순함 안으로 들어간다. 보는 자 한 사람과 하나의 목표인 하느님만이 남는다. 성모 마리아에게 드린 기도는 이루어져 단테의 시력은 한 점 흐림 없이 맑아진다. 단테의 시선은 내려오는 영광의 빛을 통해 숭고한 광휘 깊숙이까지 들어간다. 사멸할 인간의 시선은 상승하여 최상의 신비를 관통하고, 하느님의 계시는 아래로 내려온다.

여기서 시인의 분투는 이중적이다. 기억과 표현이다. 그러나 각각의 노력은 충분한 성취를 얻지 못한다. 그 엄청남(oltraggio) 때문이다. 이 관통은 하느님에 의해서만 가능하다. 단테는 그가 본 하느님의 모습 한 부분만이라도 시에 적어 넣을 수 있도록 해주십사 하느님께 기도한다.

오, 최상의 빛이시여, 죽을 인간의 이해로부터
그토록 초월해 계신 분이여, 제 기억에
당신 드러나신 모습의 조금이라도 빌려주소서.

그리고 제 혀에 넘치는 힘을 주시어
당신 영광의 섬광 그 불티 하나만이라도
미래의 사람들에게 남겨줄 것을 허락하소서.(「천국」, 33, 67~72)

이 마지막 기원은 무사이들(「지옥」, 2, 7; 「연옥」, 1, 8)에게도, 아폴로(「천국」, 1, 13)에게도 하는 것이 아니라 하느님께 드리는 기원이다. 은총이 시인의 기억에 부여하는 것은 미래 세대의 독자들에게 전해질 것이다. 그리고 그 작은 불티는 '하느님의 보다 큰 영광을 위하여(ad maiorem Dei gloriam)' 있게 될 것이다. 이 기원은 서두에서 아폴로에게 드렸던 기원(「천국」, 1, 22~34)과 아주 유사한 형식을 취하고 있다.

단테는 이제 하느님 영광의 빛의 밝음을 견디어 낼 수 있게 되었다. 밝음은 점점 더 증가하고 그 밝음을 통해 단테는 지복직관(visio beatifica)에 더 가까이 다가간다. 그리하여 제 33곡 81행에서 "나의 시선은 무한하신 선(善)과 하나가 되었다"고 선언하듯이 영광의 빛을 통한 상승 운동은 마침내 그 목표에 도달하였다. '81'은 중세 수비학(數秘學, numerology)에서는 8+1=9로 '9'는 기적의 수이다.

오, 넘치는 은총이여, 그 덕분에 나는 감히
영원한 빛 안에 시선을 고정시켰으니

거기서 내 모든 시력은 소진되었다.

그 심오함 안에서 나는 보았다.

전 우주에 흩어져 있는 종잇조각들이

사랑에 의해 단 한 권의 책으로 묶여 있는 것을.(「천국」, 33, 82~87)

심오함(profondo)은 깊은 신비와 그곳에의 관통을 암시한다. 그곳은 모든 것을 담고 있는 중심이다. 창조된 세계는 책으로 비유된다. 이 책은 하느님 안에 담겨 있으며, 사랑에 의해 감싸여 있다. 우주에서 실체는 그 자체로 존재하는 것들이다. 예를 들면 피조물, 사람, 천사 등이다.

반면에 '우유(偶有)'는 그 자체로는 존재하지 않고 어떤 실체 안에 속성으로서 존재하는 것이다. 실체도 우유도 하느님 안에 실존하지 않는다. 그러나 하느님 안에 반영되어 보인다. 마치 모든 것을 반영하는 거울 안에서처럼. 하느님 안에 반영된 것으로서 그것들은 그들의 관계에 따라 융합된 것으로 보인다.

단테는 이 매듭의 우주적 형상을 보았다고 말한다. 이는 이 결합의 절대적 원리를 의미한다. 그것은 창조주 안에서의 시간적이고 영원한 모든 것의 융합이다. 이는 죽을 인간의 눈에 보인 최상의 계시이다. 시인은 이 일별(一瞥)의 긍정 안에서 만족감의 흥분을 느낀다. 그것은 그의 보고가 옳다는 것을 확인해 주는 만족감이다.

그러한 빛 앞에서는
눈을 돌려 다른 것을 보는 데
동의하는 일은 결코 없을 것이다.(「천국」, 33, 100~102)

성 토마스는 『신학대전』(Ⅰ-Ⅱ, 5, 4)에서 말한다. "인간의 완전한 행복은 하느님을 보는 것이다. 하느님을 보면서 하느님을 보길 원하지 않는다는 것은 불가능하다." 모든 선은 하느님 안에 담겨 있다. 그러므로 의지가 그러한 대상으로부터 돌아선다는 것은 불가능하다. 하느님은 모든 욕구의 끝이거나 목적지이다. 삼위일체와 그리스도 안에서의 신성과 인성의 결합의 신비를 단테는 찰나의 섬광(閃光) 안에서 직관한다.

오히려 보고 있는 동안 더욱 강해지는
나의 시력을 통하여, 그 단 하나인 모습은
내가 변해감에 따라 자신을 바꾸어 갔다.
고상한 빛의 심오하고도 밝은 실체 안에서
동일한 크기를 한 세 가지 색깔의
세 개의 원이 내게 모습을 드러내고 있었다.
그리고 한 원은 마치 무지개에서 무지개가 생기듯,

> 다른 한 원에 반사되고 있는 모습이었다. 세 번째 원은
> 둘이 똑같이 타며 발산하는 불의 모습이었다.(「천국」, 33, 112~120)

> 오, 영원한 빛이여, 당신은 홀로 당신 안에 있고,
> 홀로 깨달으며, 스스로에게 알려지고,
> 스스로를 알면서 사랑하고 미소를 짓습니다.(「천국」, 33, 124~126)

아우구스티누스의 『삼위일체론』(10, 11, 18)에 의하면, 하느님은 정신의 삼위일체, 즉 기억, 이해, 의지의 삼위일체이시다.(그림 34)

> 당신 안에 반사된 빛으로서
> 태어난 것처럼 보였던 그 원을
> 한동안 내가 바라보고 있자니
> 그 안에 그 원과 같은 색깔로
> 우리 인간의 모습이 그려져 있기에
> 내 시선은 온통 거기로 집중되었다.(「천국」, 33, 127~132)

이제 초점은 오로지 육화의 신비에 집중된다. 우리의 사멸할 육체가 어떻게 삼위일체의 제2위인 성자 예수 그리스

그림 34 〈A Vision of God〉, 베네치아 사본, 14세기 후반

삼위일체

도의 부분일 수 있을까? 하지만 그리스도는 그 육체로부터 부활하였다. 그리고 우리의 모습 안에 있는 그 육체는 여기 있어야만 한다. 그것이 우리의 신앙이다(1고린토 15, 49).

마치 기하학자가 원을 측정하려고
집중력을 다 쏟아부어도 자신이 구하는 원리를
발견하지 못하고 아쉬워하는 것처럼,
그 새로운 광경 앞에서 내가 그랬다.
나는 그 모습이 이 원과 어떻게 합치되고
어떻게 그 안에 들어 있는지 보고 싶었지만,
내 날개는 거기에 충분하지 않았다.(「천국」, 33, 133~139)

육화의 신비를 이해해 보려고 하는 것은, 마치 기하학자가 원을 측정하기 위해 원을 사각형으로 만들어 보려는 헛된 시도와도 유사하다. 『제정론』(3, 3, 2)에서도 단테는 말한다. "기하학자는 원의 구적법(求積法)을 알지 못하더라도 그 면적에 관해서 시비를 하지 않는다." 원의 면적은 호(弧)의 폭 때문에 측정이 불가능하기 때문이다. 『향연』(2, 13, 27)에서도 같은 말이 나온다. "원은 그 원호(圓弧)로 인해 완전하게 사각형으로 만들 수 없고, 따라서 정확하게 측정할 수 없기 때문이다." 어떻게 인간의 육체와 그 형상은 신성이라는 원 안에 들어맞을 수 있을까? 육화의 신비의 한복판에는 같은 척도로는 측정 불가능함이 있다. 말씀과 육(肉)은 같은 척도로는 측정할 수 없는 것인데, 어떻게 말씀이 육이 되었을까? 만일 독자가 단테라면 어떻게 하느님을 제시할 수 있을까? 성부는 길고 흰 수염을 가진 노인일까? 성자도 많은 회화에서 보듯이 그처럼 사람 모습일까? 성령은 비둘기일까? 과연 『신곡』을 그와 같은 모습의 환시 안에서 끝맺어야 할까?

단테는 "인간을 초월하는 것을 말할 수 없다는 인간 언어의 한계를 여전히 인간의 언어로 토로하면서 언어의 한계를 확장하고 있다".[51]

단테는 이처럼 「천국」 편에서 대담한 독창성과 그 불가능함의 고백, 그 환시를 형언할 수 없음과 말해보려는 언어의 부적합성 사이에서 진동하며 승리와 패배를 동시에 맛보게 한다.

> 다만 내 정신이 섬광에 맞은 듯했고,
> 그 덕분에 내 소망은 이루어졌다.(「천국」, 33, 139~141)

순례자 단테의 날개 그 자체는 가장 깊은 신비의 환시로 자신을 들어 올리기에는 힘이 부족하다. 그래서 하느님의 은총은 그 초월적인 지점까지 순례자의 시력과 이해를 끌어

51 박상진, 『사랑의 지성』, 241쪽.

올리기 위해 개입한다. 순례자의 정신과 시력은 위로부터의 어떤 섬광에 의해 고양된다. 최상의 은총을 통하여 그에게 바라던 환시와 이해가 주어졌다. 성경은 '하느님에게 가는 길 위에 있는 인간'을 나그네(homo viator)라고 말한다, 그리고 '지복직관에 도달한 사람(comprehensor)'을 온전한 신성(神性) 참여자[52]라고 말한다. 순례자는 긴 여정 끝에 이 마지막 부분에서 후자에 도달하였다. 섬광 안에서 환시를 보고 거기에 참여하고자 한 그의 지성의 소망이 이루어진 것이다.

여기 높이 날아오른 환상에 내 힘은 소진했지만,
이미 내 열망과 의지는 다시 돌고 있었으니,
균등하게 돌아가는 바퀴 같았다.
태양과 다른 별들을 움직이는 사랑 덕분이었다.(「천국」, 33, 142~145)

나그네의 환시를 보려 하는 지성의 열망(disio)은 갑자기 은총에 의해 신성 참여자가 되었다. 그의 상태는 복자들의 그것과 비슷한데, 복자들은 얼굴을 맞대고 영원히 하느님을 바라보는 기쁨을 누린다. 그런데 왜 사멸할 이 인간은 다시 지상으로 귀환해야 했는가? 지복직관에서 눈을 돌리는 것

52 2베드로 1, 4: 신성의 한몫을 받은 자(theias koinonoi physeos).

은 불가능하다는데, 어떻게 그 봄에서 멀어질 수 있었는가? 그 대답은 명백하다. 그의 체험은 살아 있는 인간의 체험이다. 그러기에 그는 "죽을 수밖에 없는 그의 무게"(「천국」, 32, 139) 때문에 그러한 고귀한 환상에서 내려와야 한다. 그러나 그 짧은 순간 동안 그는 신성 참여자가 되었다. 그리고 지금은 인생의 끝에서 그를 기다리고 있는 지복을 미리 맛본 것이다.

열망과 쌍을 이루는 의지(velle)는 지성으로 바라던 그 대상에 도달한다. 그 의지의 달성은 위로부터 내려오는 은총에 의해 가능하다. 그러므로 지성의 열망과 도달하려는 의지는 이 시의 끝에 나온다. 행복의 본질은 지성의 활동으로 구성된다. 그러나 행복으로부터 나오는 기쁨은 의지에 관련된다. 이런 의미에서 아우구스티누스는 행복은 "진리 안에서의 기쁨(joy in truth)"이라고 말한다.[53]

시의 마지막 행은 아리스토텔레스의 '부동의 원동자'의 이미지를 담고 있다. 이 비전은 지상에서 올려다본 우주의 운동이다. 그러므로 시의 마지막 행은 시선이 다시 지상으로 돌아온다. 지상에서 별들을 올려다보는 것이다. 「지옥」 편과 「연옥」 편의 끝에서처럼 마지막 권고는 '위를 올려다보는 것'이다. 위는 우리의 정신과 마음의 올바른 방향이다.

53 아우구스티누스, 『고백록』 10, 23: beata vita est gaudium de veritate.

『신곡』의 서두에서도 순례자는 태양에 의해 빛나는 언덕 꼭대기를 바라보며 그곳에 이르기를 간절히 원하고 있지 않았던가.(그림 35, 36)

그림 35 로세티, 〈단테의 사랑〉 finished study, 1860, 버밍엄미술관

지상적 사랑과 천상적 사랑을 우주적 통일성 안에 담고 있는 단테의 사랑의 두 국면.
해: “qui est per omnia saecula benedictus(영영 세세 축복이신 분)”(『새로운 삶』, 42, 3)
달: “quella beata Beatrice che mira/continuamente nella faccia/di colui(그분의 얼굴을 계속 바라보는 저 복된 베아트리체)”
대각선: 「천국」 편, 33, 145.

PER OMNIA SAECULA BENEDICTUS

그림 36 로세티, 〈단테의 사랑〉, 1859, 런던 테이트 브리튼

후기

2002년 뜻밖에 이마미치 도모노부 선생님에게서 『단테《신곡》 강의』를 선물로 받고 나서부터 나의 『신곡』 공부는 시작되었다. 그로부터 20년이란 적지 않은 시간이 흘렀다. 그동안 나의 관심이 오로지 『신곡』에만 집중된 데에는 몇 가지 이유가 있을 것 같다. 먼저 철학자인 스승이 생의 거의 마지막 무렵까지 『신곡』을 붙들고 있었다는 점, 『신곡』이 시로 쓰인 점, 그것도 내가 읽을 수 있는 이탈리아어라는 점, 문학·철학·신학 등 인문학만이 아니라 사회과학이나 자연과학의 지적 배경을 요구한다는 점, 그 영향력이 문학만이 아니라 미술, 음악, 연극, 영화, 애니메이션 등 전 예술 장르에 퍼져 있다는 점을 들 수 있다.[54] 이른바 요즘 유행하는 지식 융

54 우리나라의 탁월한 작곡가 가운데 한 분인 김수철 작곡의 〈팔만대장경〉을 보면 그 구성이 제1부 '전장(戰場)'에서, 제2부 '구천(九天)으로 가는 길', 제3부 '천상의 문'으로 되어 있다. 이는

합 학문의 최상의 모델이라는 점에서도 매력적이었다.

하지만 그런 만큼 고전(古典) 『신곡』을 끝까지 다 읽는다는 것은 고전(苦戰)의 연속이었다. 물론 한 번이라도 완독한 경험이 있는 사람은 반드시 재독(再讀) 삼독(三讀)에 돌입하리라는 것은 의심할 여지가 없다. 나도 작년 안식년을 코로나 재난 덕분에(?) 아무 데도 가지 못하고 그저 『신곡』만을 다시 정독하는 데 보냈다. 무엇보다도 엄두가 나지 않던 2,000페이지가 넘는 싱글턴의 주석을 함께 읽을 수 있던 것은 커다란 소득이었다.

그리하여 올해 단테 귀천 700주년이자 『신곡』 탄생 700주년이 되는 기념 해를 맞아, 연초부터 『가톨릭신문』에 「단테의 《신곡》 제대로 배워봅시다」라는 기획물을 총 25회 연재하였다. 또 지난 3~4월에는 바오로딸 수녀회 혜화나무에서 주관한 토요문학사상강좌에서 8주 연속 강의도 하였다. 아쉽게도 신문 연재는 지면의 제한으로 「천국」 편을 거의 다룰 수 없었는데, 다행히도 이번 단행본 출간으로 그 부분을 보완할 수 있게 되었다. 사실 『신곡』은 「천국」 편 제33곡 마지막 한 곡을 위해 그 나머지가 쓰인 것만 같다는 생각이 든다. 주인공 단테의 저승 순례의 목표는 결국 마지막에 하느님을 만나는 것이기 때문이다.

『신곡』의 3부작 구성과 매우 흡사하다. 작곡가 자신도 『신곡』에서 영향을 받았다고 한다.

예기치 못한, 아니 이미 예견된 전 지구적 종말론적 상황이 전개되고 있다. 기후 온난화로 인한 가뭄, 홍수, 산불과 함께 코로나19라는 전대미문의 역병이 전 세계를 휩쓸고 있다. 인류라는 배가 우리가 생각하는 것보다 더 일찍 침몰하지 않을까 하는 두려움이 앞선다. 이러한 절망감의 양상은 시대마다 다르겠지만, 700년 전 단테 역시 자신의 시대를 절망적으로 느꼈을 것이다. 하지만 올해 3월 25일 단테의 날을 맞아 프란치스코 교황이 교서에서 밝힌 대로, 단테는 "희망의 예언자"였다.

『신곡』「지옥」 편에서 단테는 신앙이 없기에 절망할 수밖에 없는 군상의 비참함을 보여준다. 「연옥」 편에서는 눈물 한 방울에 지나지 않는 참회를 통해 구원을 희망하는 죄인들의 정죄(淨罪) 과정을 보여준다. 그리고 마지막으로 「천국」 편에서는 그 믿음과 희망을 지녔기에 하느님의 사랑을 만나는 복자(福者)들을 보여준다. 그러므로 그때나 지금이나 그리스도교의 신망애라고 하는 대신덕은 인간을 구원할 수 있는 유일한 덕목이 된다.

단테는 『신곡』의 요목마다 이 신망애 삼덕을 언급한다. 예를 들면, 「연옥」 편 제29곡에 나오는 성경의 묘사 전체가 신망애를 드러낸다. 구약성경을 상징하는 스물네 명의 장로는 믿음을 뜻하는 하얀 백합꽃 화관을 쓰고 있으며, 네 복음서를 상징하는 네 마리의 짐승은 소망을 뜻하는 초록 잎사귀를 머리에 두르고 있고, 신약성경의 서간들을 상징하는 일곱 명의 노인들은 사랑을 뜻하는 장미와 빨간 꽃들을 두르고 있다. 또한「연옥」편 제30곡에 등장하는 베아트리체의 모습 역시 "하얀 베일에 초록색 윗옷 아래 생생한 불꽃색의 옷을 입고 서 있다".「천국」편에서는 그리스도의 세 애제자 사도 베드로, 야고보, 요한이 결정적으로 신망애를 대표하며 단테의 천국 입국 심사를 맡는다. 그만큼 단테에게는 이 신망애 삼덕을 갖추는 것이 세례를 대신할 만큼이나 구원의 절대 전제가 되고 있다. 오죽하면 단테 자신의 세 아들의 이름이 야고보, 베드로, 요한이었을까 싶다.

이마미치 도모노부 선생이 예리하게 지적하였듯이『신곡』의 사상적 중심은「천국」편에 있다고 보는데, 그것은 "전 인류의 세계 미화(美化)로의 전면적인 방향 전환"(「천국」 27, 145~148)이다. 지구 전체가 신음하고 있는 오늘날 이 방향 전환의 실현은「천국」편 전체가 노래하고 있는 사추덕과 대신덕의 회복, 즉 완전한 그리스도교적 인간상의 회복에 달려 있다고 본다. 그런 의미에서『신곡』은 우리에게 삶의 방향을 새로이 정립시키는 인류의 멘토로서의 중요한 역할을 맡고 있다.

"말은 말하기 전까지만 말하는 사람의 것이다"라는 말이 있다. 그렇다면 시도 시가 완성되기 전까지만 시인의 것이리라. 영화 〈일 포스티노〉에는 공산주의자 시인 파블로 네루다와 우체부 마리오가 주인공으로 나온다. 네루다가 "내 시를 도용하라고 한 적은 없네"라고 말하며 마리오를 꾸짖자, 마리오는 "시란 시를 쓴 사람의 것이 아니라 시를 필요로 하는 사람들의 것"이라고 응답한다. 네루다의 연인 이름은 마틸다이고, 마리오의 아내 이름은 베아트리체이다. 이 영화와 『신곡』 사이에 있는 깊은 연관이 감지된다. 그렇다면 『신곡』은 누구의 것일까? 시인 단테의 것일까? 아니, 『신곡』은 『신곡』을 필요로 하는 사람들 모두의 것이다.

작가 보르헤스(1899~1986)는 말한다. "『신곡』은 누구라도 읽어야 할 책이다. 그것을 읽지 않는다는 것은 문학이 우리에게 줄 수 있는 최고의 선물을 거절하는 것이다." 나 역시 독자들 모두 또 한 명의 주인공 단테가 되어 『신곡』 순례의 끝에서 하느님을 직접 뵙는 참 행복을 누려보시길 간절히 빌어본다.

이 책이 나올 수 있었던 것은 문학수첩 강봉자 사장님과 편집부 배성은 님의 도움 덕분이었다. 깊이 감사를 드린다.

2021년 대림절을 앞두고
김산춘 신부

| 부록 |

『신곡』의 수비학

(數秘學, numerology)[55]

1. 『신곡』의 수(數)적 구성

완전수(完全數) 10과 은총수(恩寵數) 7

「지옥」 편 제1곡은 136행, 「연옥」 편 제1곡도 136행이다. 그런데 「천국」 편 제1곡은 142행이다. 136과 142는 신비수(神秘數)로 각각 완전수 10(1+3+6)과 은총수 7(1+4+2)을 가리킨다. 그리고 136행+136행+142행=414행이 되는데, 414는 베아트리체의 신비수인 9(4+1+4)(3×3)를 가리킨다.

「지옥」 편 제2곡은 142행, 「연옥」 편 제2곡은 133행이다. 그러므로 비수는 7(1+4+2, 1+3+3)이다. 그런데 「천국」 편 제2곡은 148행이다. 148 역시 비수 13(1+4+8)을 가리킨다. 13은 불길한 수가 아니라 1(하느님)+3(삼위일체) 혹은 10(구약의 십계)+3(신약의 삼위일체) 혹은 1(그리스도)+12(사도)를 상

55 이 글은 藤谷道夫, 『ダンテ神曲における数的構成』(慶應義塾大学教養研究センター選書 15, 2016)의 요약이다.

징한다. 또한 142행+133행+148행=423행이 되는데, 이 역시 신비수 9(4+2+3)를 가리킨다.

또한 「지옥」 편의 마지막 곡인 제34곡(실제로는 제33곡에 해당한다)은 139행, 「연옥」 편 제33곡은 145행, 그리고 「천국」 편 제33곡도 145행이다. 이처럼 각 곡마다 시행 수가 조응하고 있음을 알 수 있다. 『신곡』에서 신비수 13은 총 34회, 7은 33회, 10은 33회 등장하는데, 이는 각 편의 곡수(曲數)와도 같다.

『신곡』 전체의 시행 수는 14,233행으로 비수 13을, 3행 시절의 총수 역시 4,711개로 비수 13을 가리킨다. 이와 같이 『신곡』은 엄밀하게 계산된 설계도에 따라 지은 대성당과도 같다.

『신곡』의 기본 단위인 7과 17

우주의 중심에 하느님의 은총이 깃들어 있듯이, 『신곡』의 중심에도 그러하다. 『신곡』 전체의 중심은 「연옥」 편 제17곡이다.[56]

신비수 17은 10(구약의 십계)+7(신약의 은총) 혹은 1(하느님)+7(신약의 은총)을 상징한다. 「연옥」 편 제17곡을 중심에 두고 그 전후의 대칭을 살펴보면, 제14곡 제20곡의 시행 수

56 최민순 옮김, 『단테의 신곡』(가톨릭출판사, 2013)은 상하 2권으로 되어 있다. 하권은 「연옥」 편 제17곡에서 시작한다.

가 151, 즉 신비수 7(1+5+1)임을 알 수 있다. 151은 그 자체로도 대칭(1-5-1)이다. 이러한 수를 경영대칭(鏡映對稱數, chiasmus)이라고 한다. 또 151행은 75행(3×25)에 의해 양분(75+1+75)된다.

『신곡』 전체의 시행 수는 이미 말한 대로 14,233행인데 그 중심은 7,117행이고 이는 바로 71-17의 대칭수이다. 이는 입사각(入射角)과 반사각(反射角)이 동일하다는 광학 원리를 반영한다.

집으로 돌아가고 싶어 하는 순례자처럼
최초의 빛살에서 나오는 제2의 빛살이
위로 올라가려고 하듯이(「천국」, 1, 49~51)

『신곡』 전체를 양분하는 7,117행은 「연옥」 편 제17곡 125행이다(큰 대칭). 그리고 각 편에서는 제17곡이 중심축이 되어 대칭 구조를 형성한다(중간 대칭). 다시 「연옥」 편 제17곡을 중심축으로 시행 수로는 7개의 곡이, 신비수로는 13개의 곡이 대칭을 형성한다(작은 대칭). 「연옥」 편 제17곡은 전부 139행으로 대칭의 중심은 제70행이다. 이는 형식상으로만이 아니라 내용상으로도 양분하고 있다. 즉 「연옥」 편 제17곡의 맨 처음에서 75행(25terzina)을 거슬러 올라가면 제16곡 71행인데 거기에 "자유의지(libero arbitrio)"라는 단어가 나오고,

제17곡의 맨 끝에서 역시 75행 앞으로 나아가면 제18곡 74행인데 거기에 역시 "자유의지"라는 단어가 나온다.

죄를 나타내는 상징 수 11

「창세기」 4장에는 죄인인 카인의 계보가 나온다. 아담에서 시작하여 11대인 라멕의 장녀 나아마에서 끝난다. 이어지는 「창세기」 5장에는 의인인 노아의 계보가 나온다. 역시 아담에서 시작하여 셋과 에노스를 거쳐 10대인 노아에 이른다.

'11'은 10(법=계명)을 깬 일탈한 수이다. 단테는 「지옥」 편 제11곡에서 죄를 분류하는데 그 분류는 111행에서 끝난다. 『신곡』 전체에서 죄를 지은 '인간'이라는 말 '(u)omo'는 110회(11×10) 나온다. 단수형으로는 99회(11×9), 복수형으로는 11회이다. 또한 '죄'라는 말 'peccato' 역시 11회 나온다. 인간은 언제나 죄와 법 사이에 있는 것이다.

불길한 상징 수 5

「요한묵시록」 제9장에 보면, 다섯째 천사가 나팔을 불자 전갈과도 같은 메뚜기들이 나타나 사람들을 죽지도 못하게 하면서 다섯 달 동안 괴롭힌다.

「지옥」 편 제26곡에서 보면, 오디세우스는 다섯 달 동안의 항해 끝에 결국 연옥 산 앞에서 난파를 당한다.

「창세기」에서도 하느님께서는 제5일에 동물을 창조하신

다. 그래서인지 '5'는 육체의 오감(五感)을 상징한다. 「지옥」 편에서 애욕을 뜻하는 'amore'는 제1곡 39행에서 처음 나오고 제30곡 39행에서 마지막으로 나오는데, 그 사이의 행수는 3,993행(3×11^3)이다. amore는 「지옥」 편에서 총 19회 나오는데, 파올로와 프란체스카의 불륜 이야기를 다룬 제5곡에서만 9회 나온다.

대조적으로 「천국」 편 제28곡 12행에서는 베아트리체를 뜻하는 대문자 'Amore'가 마지막으로 나오는데 이 시행은 「천국」 편에서 3,900행(39×100)째이다.

2. 수치등가법(數値等價法, gematria)에 의한 해법

게마트리아는 히브리어 알파벳이 가진 각각의 수치로 단어의 뜻을 풀어 성경을 해석하는 방법이다. 예를 들어 「요한묵시록」 13장 18절에는 "지각이 있는 사람은 그 짐승을 숫자로 풀이해 보십시오. 어떤 사람을 가리키는 숫자입니다. 그 숫자는 육백육십육입니다"라는 구절이 있다. 주석가들은 육백육십육은 네로 황제를 가리킨다고 해석한다. 네로 황제를 히브리어로 음역하면 'nrwn qsr(Neron Kaisar)'로 그 철자들의 수치를 더하면 666이 된다.[57]

베아트리체(Beatrice)를 게마트리아 수로 풀어보면, 2+5+1+19+17+9+3+5=61이 된다. 또한 단테 알레기에

---

57 50+200+6+50+100+60+200=666.

리(Dante Alighieri)는 게마트리아 수로 118이다.

베아트리체의 게마트리아 수 61

61의 대칭 수는 16으로 이는 기적을 뜻하는 9와 은총을 뜻하는 7을 합한 수이다. 베아트리체의 이름은 「천국」 편에서 홀수 곡 제16행에 세 번(5, 16; 7, 16; 9, 16) 나온다. 「천국」 편 시작에서 제5곡 16행까지는 578행($17^2 \times 2$)이다($17=10+7$). 또 제5곡 1행에서 제7곡 16행까지는 297행(118+61+118: 단테+베아트리체+단테)이다. 또한 제7곡 16행부터 제9곡 16행까지도 297행이다. 그리고 제5곡 16행부터 제9곡 16행까지는 578행이다. 마지막으로 「천국」 편 끝에서 제7곡 16행까지는 3,900행(39×100)이다.

단테의 게마트리아 수 118

「천국」 편 짝수 곡에는 단테의 이름 대신 '은총(grazia)'이라는 말이 세 번 나온다(20, 118; 22, 118; 24,118). 반면 단테의 이름 자체는 「연옥」 편 제30곡 55행에 단 한 번 나온다. 「천국」 편 시작에서 제20곡 118행까지는 2,840행(284×10)이고, 제20곡 118행에서 제22곡 118행까지는 291행(284+7)이며, 제22곡 118행에서 제24곡 118행까지는 294행(284+10)이다.

여기서 284는 하느님을 뜻한다.[58]

그리고 제24곡 58행의 은총(Grazia)에서 118행의 은총(Grazia)까지는 61행이다. 즉 하느님의 은총이 베아트리체에 의해 단테에게 운반되고 있다.

또 제20곡 118행에서 제24곡 118행까지는 584행(284+300)이며, 제24곡 118행에서 제28곡 118행까지도 584행이다. 여기서 300은 그리스문자 'T'의 수치로 십자가를 뜻한다.

제28곡 118행은 「천국」 편 끝에서부터 세면 753행째이다. 753은 600+153으로 600=3×100×2 혹은 300×2이다. 그리고 153은 베드로의 그물에 걸린 물고기 숫자로(요한 21, 11) 구원된 신자 수를 가리킨다. 또한 『신곡』의 중심인 「연옥」 편 제17곡 125행부터 세면 5,782행(7×7×118)째이다. 단테는 말로만이 아니라 숫자로도 구원자 하느님에 대한 감사를 드리고 있다.

베아트리체의 천구는 제9천인 원동천인데 이에 대한 설명은 제27곡 100행부터 제29곡 145행까지로 총 333행이다. 그 사이에 있는 제28곡 118행은, 즉 단테는 베아트리체의 품안에 감싸여 있는 것이다. 단테는 그러기에 그녀를 "내가 섬기는 여인(la donna mia)"(「천국」, 28, 61)이라고 부른다.

---

58 하느님은 그리스어로 theôs인데 게마트리아 수로 보면 9+5+70+200=284이다.

『신곡』의 각 편에 나타난 게마트리아 수

「지옥」 편은 총 4,720행으로 이는 118×4×10으로 분해된다. 이는 단테(118)의 죄가 십자가(4)에 의해 갚아짐을 말한다. 한편 「연옥」 편은 총 4,755행으로 118×39+153으로 분해된다. 이는 단테가 베아트리체의 사랑(39)에 의해 하느님의 그물에 걸림을 말한다. 그리고 「천국」 편은 총 4,758행으로 39×61×2로 분해된다. 이는 베아트리체의 사랑이 배가 됨을 말한다.

『신곡』 전체는 총 14,233행으로 이를 39로 나누면 364.95 즉 365가 된다. 중세에는 1년 365일이 한 사람의 인생을 비유한다고 보았다. 즉 단테의 인생과 작품은 베아트리체의 사랑 안에서 완성되었다고 볼 수 있다.

| 부록 |

단테 알리기에리
(Dante Alighieri)
연보

1265년	이탈리아 토스카나 지방 피렌체에서 태어남. 세례명은 두란테(Durante). 이름 그대로 지옥을 견뎌낸 자였다.
1274년 (9세)	베아트리체를 처음 만남. 온 혈관이 떨림, 영혼의 전율을 느낌. “그녀는 평범한 인간의 딸이 아닌 신의 딸처럼 보였다.”(『새로운 인생』 2)
1283년 (18세)	우연히 베아트리체와 재회하지만 그녀는 부유한 은행가 집안과 결혼. 청신체파(dolce stil novo) 시인으로 활동. 자신을 이 ‘사랑의 시법’의 완성자로 칭함.(「연옥」, 11, 97~99)
1285년 (20세)	젬마 도나티와 결혼. 사이에 3남 1녀의 자녀를 둠. 장남 야고보는 사제, 딸 안토니아는 베아트리체 수녀가 됨.
1289년 (24세)	겔피파의 기병으로 캄팔디노 전투에 참가.
1290년 (25세)	6월 9일 9시(오후 3시) 베아트리체가 향년 24세로 요절. 10월이 정월(正月)이므로 6월은 제9월이다.
1292년 (27세)	『Vita Nuova(새로운 인생)』 집필. 베아트리체의 죽음으로 지상적 에로스는 지적으로 정화됨. 보에티우스와 키케로를 읽기 시작. 수도원 학교에 다니면서 프란치스코회와 도미니코회의 사상을 배움.

1295년 (30세) 길드(의약 조합)에 가입. 정치 입문.

1300년 (35세) 교황 보니파시오 8세가 최초의 성년(聖年)을 선포.
피렌체는 자치 도시국가(Comune)였는데, 단테는 임기 2개월(6월 15일~8월 15일) 6인 최고 행정위원(priore)의 하나로 선출됨.
겔피파(교황파)의 양 파벌인 흑당(부호 권력가)과 백당(시민 대표)이 충돌.
양 당 지도자들을 유배 보냄.

1301년 (36세) 백당 유배자들만이 귀환하자 분노한 교황이 프랑스 왕을 부추겨 군사적으로 개입함. 사태 수습을 위해 이해 10월 단테가 교황청에 특사로 파견됨. 그사이 프랑스군의 지원을 받은 흑당의 쿠데타가 일어남.

1302년 (37세) 3월 10일 궐석 재판에서 공금 횡령과 교황 음모죄로 영구 추방(만약 체포될 경우 화형) 명령을 받음.

1304년경 (39세) 미완으로 끝난 『Convivio(향연)』, 『속어론』 집필.

1305년 (40세) 파도바 스크로베니 경당에서 벽화 작업을 하던 조토와 만남.

1307년경 (42세) 『신곡』을 집필하기 시작함.

1309년 (44세) 교황청이 프랑스 아비뇽으로 천도.

1310년 (45세) 『제정론』 집필.

1312~1318년 (47~53세) 영주 칸그란데 델라 스칼라의 손님으로 베로나에 체류.

1313년 (48세) 단테의 정치적 메시아 황제 하인리히 7세가 피렌체로 진군 중 급사.

1315년 (50세) 「연옥」 편 완성. 「천국」 편 집필 시작.
피렌체 정부의 유죄를 인정한다는 굴욕적인 사면 제의를 거절함.

1318~1321년 (53~56세) 영주 귀도 다 폴렌타의 손님으로 라벤나에 체류.

1321년 (56세) 베네치아에 파견되었다가 돌아오는 길에 말라리아에 감염됨.
9월 13일 밤 귀천. 라벤나에 영면(永眠).

김산춘 신부의 단테 『신곡』 강의

교회 인가　　2022년　2월 11일(서울대교구)
초판 1쇄 발행 2021년 12월 24일
초판 2쇄 발행 2024년　2월　7일

지은이 | 김산춘
발행인 | 강봉자, 김은경

펴낸곳 | (주)문학수첩
주소 | 경기도 파주시 회동길 503-1(문발동 633-4) 출판문화단지
전화 | 031-955-9088(대표번호), 9532(편집부)
팩스 | 031-955-9066
등록 | 1991년 11월 27일 제16-482호

홈페이지 | www.moonhak.co.kr
블로그 | blog.naver.com/moonhak91
이메일 | moonhak@moonhak.co.kr

ISBN 978-89-8392-890-0 03230